Anmerkungen und Argumente
zur historischen und politischen Bildung

Herausgegeben von Friedrich J. Lucas

2

Herausgeber und Verfasser

Dr. Friedrich J. Lucas, o. Universitätsprofessor, 6331 Oberlemp, Altes Schulhaus, Arbeitsgebiet Didaktik der Geschichte und Sozialkunde im Fachbereich 08 – Geschichtswissenschaften der Justus-Liebig-Universität Gießen

Dr. Klaus Bergmann, geboren 1938, Studium der Geschichte, Philosophie und Romanistik an den Universitäten Tübingen und Münster, 1968 Promotion zum Dr.phil., seit 1965 als Assistent, seit 1969 als Dozent am Seminar für Didaktik der Geschichte der Justus-Liebig-Universität Gießen tätig. Anschrift: 6301 Pohlheim-Hausen, Sudetenstraße 5.

Bisherige Veröffentlichungen: Die totalitäre Herrschaft des Nationalsozialismus in Deutschland (Unterrichtsmodell zum Geschichtswerk „Menschen in ihrer Zeit"), Stuttgart 1970 – Agrarromantik und Großstadtfeindschaft (Marburger Abhandlungen zur Politischen Wissenschaft, Bd. 20), Meisenheim/Glan 1970 – Geschichtsunterricht – Relikt oder Notwendigkeit? , in: Das Argument 70, Berlin 1972 (zusammen mit Volkmar Preisler und Detlev Wischniowski)

Herausgeber, Verfasser und Verlag sind für Anregungen, Kritik und auch für widersprechende Darstellungen dankbar und laden dazu ein.

Klaus Bergmann

Personalisierung im Geschichtsunterricht – Erziehung zu Demokratie?

Ernst Klett Verlag Stuttgart

Das Anfang 1971 abgeschlossene Manuskript veröffentlicht der Verfasser unverändert, obwohl er manche der vorgestellten Positionen bereits verlassen, für sich modifiziert oder präzisiert hat: Er hält die Untersuchung in ihren kritischen Passagen nach wie vor für aktuell, in ihren alternativen Thesen für einen noch immer bedenkenswerten Diskussionsbeitrag.

Umschlaggestaltung: E. Dambacher, Korb
Schreibsatz: U. Sommer, Gärtringen
Druck: Druck- und Verlagsgesellschaft mbH, Darmstadt
ISBN 3-12-92742-0

Vorwort

Die vorliegende Untersuchung ist hervorgegangen aus einer Seminarveranstaltung, die ich zuerst im Sommersemester 1970 als Vorlesung am Seminar für Didaktik der Geschichte der Justus-Liebig-Universität Gießen angekündigt, als Arbeitsgemeinschaft durchgeführt habe. Das Echo, das diese Veranstaltung bei den Studenten gefunden hat, hat mich ermutigt, einige der erarbeiteten Ergebnisse zu publizieren.

Zugleich hat mich die Situation des Geschichtsunterrichts in der Bundesrepublik veranlaßt, diesen Beitrag zu veröffentlichen, von dem ich zwar weiß, daß er in vielem vorläufig ist, von dem ich mir aber gerade wegen einiger provokativer Passagen eine Belebung der Diskussion über den Geschichtsunterricht in der Bundesrepublik erhoffe.

Fragestellung und kategorialer Rahmen der Untersuchung sind wesentlich von der geschichtsdidaktischen Theorie bestimmt, die Friedrich J. Lucas seit 1961 am Seminar für Didaktik der Geschichte der Justus-Liebig-Universität entwickelt und vermittelt hat. Mein Dank an ihn verbindet sich mit der Hoffnung, daß diese Theorie in naher Zukunft veröffentlicht werden kann.

K. B.

Inhalt

1. Zur Situation des Geschichtsunterrichts in der Bundesrepublik

Der Geschichtsunterricht ist nicht mehr wie noch unmittelbar nach 1945 ein zentraler Gegenstand didaktischer und bildungspolitischer Erörterungen, und es scheint gar, als sei er ein zwar noch existentes, aber kaum mehr lange eigenständig existierendes Unterrichtsfach, mehr Relikt des überkommenen Fächerkanons als sicherer Bestandteil eines zukünftigen Fächerspektrums oder als notwendig anerkanntes Element künftiger Lernbereiche. Es hat den Anschein, als drohe er über kurz oder lang ein Opfer der öffentlichen Geringschätzung der Geschichte zu werden, über die Marienfeld und Osterwald 1966 geschrieben haben: „Die Entmachtung, die die Geschichte betroffen hat, bezieht sich weniger auf ihre Stellung als Wissenschaft neben den anderen Wissenschaften oder als Forschungseinrichtung innerhalb der anderen Wissenschaften, sondern weit mehr auf ihre Stellung und auf ihr Ansehen im öffentlichen Bewußtsein, auf die Bedeutsamkeit, die ihr von der Allgemeinheit für die eigene Daseinserhellung und -gestaltung, für die Bildung des Menschen zugemessen wird" (1). Historiker und Geschichtsphilosophen haben den damit angesprochenen Sachverhalt schon zuvor als „Geschichtsmüdigkeit" (Wittram), als „Verlust der Geschichte" (Heuß), als „Flucht aus der Geschichte" (Kosellek), als „Abwendung von der Geschichte" (Litt) oder gar als „Geschichtsfeindschaft" (Kaehler) registriert (2).

Die „Abkehr von der Geschichte" (Marienfeld/Osterwald) hat offensichtlich auch Einfluß auf den Geschichtsunterricht als eine gesellschaftliche Veranstaltung gehabt: auf seine öffentliche Wertschätzung wie auf sein Selbstverständnis. Es sieht ganz so aus, als stehe die Geschichtsdidaktik als die wissenschaftliche Theorie des Unterrichtsfaches Geschichte wie gelähmt vor dieser Realität und habe allen Mut verloren, mit Überzeugung, Verve und Engagement für ein Fach zu streiten, das so offen auf die Gleichgültigkeit der Gesellschaft stößt und dem sie selber doch einen fundamentalen Wert für die Bildung von Menschen zuschreibt.

Unleugbar befindet sich der Geschichtsunterricht in der Bundesrepublik in der Krise und in der Defensive gegenüber anderen Fächern, die den Anspruch erheben, historisch-gesellschaftliche Sachverhalte in der angeblich ausreichenden Form einer bloßen, von Schülern häufig nicht reflektierten Datenvermittlung mitbesorgen zu können – K. G. Fischer spricht von Geschichte in der Schule als „Geschichts k u n d e" (3) – und damit dem Anteil von Geschichte an Politischer Bildung bereits Genüge zu tun.

Von dieser Sachlage hat die Geschichtsdidaktik in der Bundesrepublik heute auszugehen. Sie würde sich selber keinen Gefallen tun, wenn sie sie bagatellisierte oder leugnete oder als Modeströmung abtäte. Sie hat sich im Gegenteil ernstlich zu fragen, warum Geschichtsunterricht heute weithin als quantité négligeable betrachtet wird und ob sie nicht auch selber ihren Teil der Verantwortung für die zunehmende Geringschätzung des Geschichtsunterrichts zu tragen hat. Und sie wird, so sie nur ehrlich fragt, zu aufschlußreichen und bedenkenswerten Antworten kommen.

Der Geschichtsunterricht ist durch seine eigene Geschichte diskreditiert (4). Ein kurzer Blick in diese seine Geschichte zeigt bereits, daß er sich – keineswegs als einziges, aber doch als besonders anfälliges Fach – immer wieder ohne großen Widerstand dazu verstanden hat, jeweils herrschende Normen und Wertvorstellungen als wahr oder gar als richtig zu vermitteln, historische Sachverhalte aus dem Blickwinkel und in der Sprache herrschender Schichten darzustellen, unkritische wenn nicht gar diensteifrige Apologetik für das jeweils herrschende System zu betreiben und damit eine jeweils affirmative Funktion zu übernehmen (5). Andere Fächer sind dieser Gefahr ebensowenig entgangen wie der Geschichtsunterricht. Sie aber befinden sich – anders als der Geschichtsunterricht – bereits seit langem gewissermaßen in der Phase einer fruchtbaren Selbstkritik und auf dem Weg zu neuen Konzeptionen (6). Im Bereich des Geschichtsunterrichts dagegen verdecken global und an-

spruchsvoll-unverbindlich formulierte Zielsetzungen in den amtlichen Bildungsplänen der Bundesländer und in der didaktisch-methodischen Standardliteratur nur schwach, daß dem Geschichtsunterricht objektiv wieder die gleiche Funktion zuzufallen droht wie in der Vergangenheit, nämlich seine Zielsetzungen wieder „auf dem Niveau gegebener sozialer Bedingungen allein zu formulieren" statt „unter dem Anspruch fortschreitender Demokratisierung immer auch gegen dieses Niveau" (7). Rahmenpläne wie didaktische Standardliteratur gehen – grob gesprochen – von Vorstellungen aus, in denen die gegenwärtige Gesellschaftsordnung als glücklich erreichtes Endziel der Geschichte fungiert, ohne daß ihre Historizität bedacht oder gar ihre Rationalität so angezweifelt wird, wie es Gottschalch etwa getan hat:
„Nirgendwo habe ich bei der Lektüre der Rahmenpläne auch nur eine Andeutung dafür gefunden, daß ‚unsere gesellschaftliche Ordnung' unter Umständen gerade den Interessen jener sozialen Gruppe, aus der ja die überwiegende Mehrheit unserer Schüler kommt, der Klasse der Lohnabhängigen nämlich, widerspricht und von daher gesehen höchst änderungsbedürftig ist" (8). Lediglich in der geschichtsdidaktischen Diskussionsliteratur – in Zeitschriftenaufsätzen oder kritischen Monographien – sind Ansätze auszumachen, den Geschichtsunterricht zu reformieren und ihn zu einem Instrument kritischer Rationalität zu erhöhen (9).

Verallgemeinernd und bewußt überspitzend aber kann gesagt werden: Die westdeutsche Geschichtsdidaktik hat sich bisher mit Erfolg der Aufgabe entziehen können, auf dem Wege über eine radikale Selbstkritik, die gerade nach 1945 hätte erfolgen müssen, eine zukunftsweisende Neukonzeption des Geschichtsunterrichts zu entwerfen. Ihre Aussagen über den Bildungswert von Geschichte, über Bildungsgehalte und Bildungsinhalte des Geschichtsunterrichts sind noch immer in einer bezeichnend diffusen, von bildungsidealistischen Traditionen und Stereotypen geprägten Sprache abgefaßt, die das Bemühen erkennen läßt, fragwürdige, aber nicht als fragwürdig erkannte Traditionsbestände in unsere Zeit zu retten (10). Der Geschichtsunterricht in

heute!

der Bundesrepublik hat nach 1945 an den Geschichtsunterricht in der Weimarer Zeit anzuknüpfen versucht, als seien die 12 Jahre der faschistischen Zeit eine zufällige Episode gewesen und nicht die Realisierung einer in der deutschen Geschichte – in der politischen Geschichte ebenso wie in der Sozial- und Wirtschaftsgeschichte und in der Geistesgeschichte – angelegten Möglichkeit, als könne „Erziehung nach Auschwitz" (11) von der Erziehung vor Auschwitz noch unbesehen profitieren. Die stark restaurative Tendenz als der dominierende Grundzug der Geschichte der Bundesrepublik beherrschte auch die Diskussion um eine Neukonzeption des Geschichtsunterrichts nach 1945 und hat sich gegenüber allen Versuchen einer radikalen Selbstkritik und eines radikalen Neuansatzes durchgesetzt, damit aber mehr Probleme geschaffen als gelöst: Die Geschichtsdidaktik hat nach 1945 fragwürdige geschichtsdidaktische Postulate und Konzeptionen in die vorgebliche Neukonzeption des Geschichtsunterrichts eingebracht, die einer Zeit entstammen, die in ihren maßgeblichen Pädagogen der modernen technisch-industriellen Welt und ihren Gesellschafts- und politischen Ordnungen vielfach hilflos gegenüberstand.

Es ist hoch an der Zeit, solche fragwürdigen Traditionsbestände zu sichten und in aller Schärfe – auch polemisch und überpointiert – zu analysieren. Der Geschichtsunterricht wird der drohenden Vertreibung aus der Schule nicht durch Resolutionen und lautstarke Hinweise auf eben doch diffus formulierte Bildungswerte begegnen können (12), sondern nur auf dem Wege einer kritischen – und selbstkritischen – Neukonzeption. Der Geschichtsdidaktik ist heute unausweichlich die Aufgabe übertragen, eine kritische Theorie des Geschichtsunterrichts zu entwickeln und einen demokratischen Geschichtsunterricht zu konzipieren, von dem mehr zu erwarten ist als eine bloße Reproduktion jeweiliger Gegenwart. Ein erst noch zu entwerfender demokratisch orientierter Geschichtsunterricht hat andere Aufgaben als der herkömmliche affirmative Geschichtsunterricht: Er hat primär die Aufgabe, Schüler unterschiedlichster Herkunft, intellektueller Präformation und Wertorientiertheit zu befähigen, ihre jeweilige Gegenwart unter kritischer Reflektion sekundärer, an Geschichte gewonnener Erfahrungen und unter Anwendung von Kategorien historisch-politischen Denkens entsprechend ihren objektiven Bedürfnissen und Interessen zu verändern und auszugestalten. Er hat – was im einzelnen noch auszuführen wäre – im Blick auf primäre Sozialisationsprozesse seiner Adressaten kompensatorische Funktionen wahrzunehmen und zu jenem Ziel beizusteuern, das im Rückgriff auf noch längst unerreichte Forderungen der Aufklärung heute mehr und mehr als das Ziel von Erziehung und Bildung überhaupt akzeptiert wird: zu Emanzipation (13).

2. Die Personalisierung als dominierendes Element in der Theorie und Praxis des Geschichtsunterrichts

2.1. Das Problem der Personalisierung in der didaktischen Standardliteratur

Voraussetzung für eine Neukonzeption des Geschichtsunterrichts ist die Aufarbeitung anachronistischer Relikte in Geschichtsdidaktik und Geschichtsunterricht. Eines der Probleme, die dringend einer solchen kritischen Analyse unterzogen werden müssen und nicht en passant durch wenige Hinweise erledigt werden können, ist das Problem der „Personalisierung" im Geschichtsunterricht. Personalisierung wird hier definiert als die Darstellung historischer Sachverhalte an „großen Persönlichkeiten" und aus der Sicht „großer Persönlichkeiten", die nach einem Wort des preußischen Historikers Heinrich von Treitschke „Geschichte machen" (14). Heute stellt sich der Sachverhalt – dieser Vorgriff sei gestattet – anders dar als noch zu Zeiten der Historiker der Preußischen Schule: „Seitdem die Annahme des beherrschenden Einflusses maßgeblicher Männer ganzen Völkern zum Alibi für die – man kann es nur vom rezipierenden Menschen her beschreiben – entsetzlichsten Massenmorde dient, sind alle expliziten und impliziten Aussagen über das Verhältnis zwischen mächtigen einzelnen und ihren Gruppen, Gesellschaften oder Staaten aus dem Stande der Unschuld heraus: Wie es damit steht – und es kann fraglos recht verschieden damit stehen –, hat Gegenstand sehr intensiven Fragens und genauer Abgrenzung zu sein, muß notfalls offen gestellt (nicht nur: offen gelassen) werden, sonst könnte man sich wieder einer Komplizenschaft schuldig machen " (15).

Die Personalisierung ist ein Prinzip des Geschichtsunterrichts in der Bundesrepublik, das bisher eher beiläufig als intensiv kritisiert worden ist (16). Die Kritik an diesem Prinzip ist daher auch in den seltensten Fällen in die geschichtsdidaktische Standardliteratur eingegangen und spiegelt sich noch sehr unzureichend in den Geschichtsbüchern der Bundesrepublik: Überschriften wie „Napoleons Kampf gegen die Saaten Europas“ (mit Brecht wäre hier zu fragen „Er allein?“), „Bismarck ringt um ein einiges deutsches Reich“ („Er allein?“) oder „Hitler stürzt Deutschland und die Welt in entsetzliches Unglück“ („. . .?“) sind in westdeutschen Geschichtsbüchern nicht selten zu finden, und entsprechende Textpassagen wie die folgende ließen sich in großer Zahl beibringen: „Napoleon verdankt seine großen Erfolge vor allem seiner überragenden Intelligenz, einem nie versagenden Gedächtnis, einer gewaltigen Arbeitskraft und einem harten, rücksichtslosen Willen. Er benutzte das, was anderen Menschen achtenswert erscheint, das Recht, den Staat, das Volk, die Kirche aber nur, um seine persönliche Macht zu vergrößern. Er achtete auf der ganzen Welt nur sich selbst. Napoleon wollte ein zweiter Alexander werden, nach Indien ziehen und dort die Engländer besiegen. Obwohl es ihm gelang, in Ägypten einige Schlachten zu gewinnen, wurde seine Armee jedoch von dem mörderischen Klima, ansteckenden Krankheiten und der wachsenden Zahl der Feinde besiegt. Da ließ Napoleon seine Truppe im Elend zurück und flüchtete in einem kleinen Segelboot nach Frankreich. Schon hier zeigte es sich, daß der Eroberer für seine Mitmenschen nichts als Verachtung empfand. Als das Direktorium der 500 Bürger von ihm Rechenschaft für den Verlust einer so großen Armee verlangte, ließ Napoleon seine Soldaten in den Parlamentssaal rufen und die Abgeordneten auseinandertreiben. Der General machte sich durch diesen Staatsstreich zum Diktator. In den nächsten Jahre errang Napoleon noch einige Siege und außenpolitische Erfolge und konnte nun tun und lassen, was er wollte . . .“ (17).

In solchen Textüberschriften und -passagen sind die Forderungen eines großen Teils der gegenwärtigen didaktisch-methodischen Standardliteratur ebenso verwirklicht wie die Postulate vieler amtlicher Bildungspläne. Sie geben zugleich Einblick in die Praxis der Vermittlung und Reflektion historisch-gesellschaftlicher Sachverhalte in der Schule:

Die Personalisierung ist ein dominierendes Element im Geschichtsunterricht, das von der didaktisch-methodischen Standardliteratur fast durchgängig legitimiert wird.

In der geschichtsdidaktischen Standardliteratur wird der „Rolle der Persönlichkeit in der Geschichte" häufig ein eigenes Kapitel gewidmet, in dem die Warnung vor der Übersteigerung des Prinzips der Personalisierung sich wie ein bloßes Lippenbekenntnis gegenüber der immer wieder deutlich vertretenen These ausnimmt, der Darstellung der historischen Persönlichkeit sei ein gebührender Platz einzuräumen. Im „Handbuch des Geschichtsunterrichts" vertraten die Autoren noch in der vierten, bis 1969 gültigen und weitverbreiteten Auflage die Auffassung, daß „sich unser Geschichtsunterricht um Persönlichkeiten gruppieren muß" (18). Es bleibe bei aller Ablehnung eines rein ethisierenden und moralisierenden Geschichtsunterrichts „für den Schüler dennoch viel zu bewundern an guten und schönen Einzelzügen, die bei der Behandlung im Unterricht unauffällig und unaufdringlich zum Vorschein kommen" (19). So könne der Geschichtsunterricht an der Darstellung der Persönlichkeit die Ritterlichkeit einer Handlung oder Geste, Maßhalten im Erfolg, Zielstrebigkeit, Fürsorge und Aufopferung, Seelenstärke und Glaubenskraft, aber auch Hinterlist, Grausamkeit, Engstirnigkeit, Maßlosigkeit, Lässigkeit und Verschwendung aufzeigen – „und dabei ist oft das Gute unheimlich mit dem Schlechten vermischt" (20). Die Einsicht in die Stärken und Schwächen der „menschlichen Natur" könne an den großen geschichtlichen Persönlichkeiten geweckt werden, wenn auch ein letzter unauflösbarer Rest aller Einsicht widerstehen werde: „Auch unser Schüler soll lernen, haltzumachen vor dem oft Rätselhaften und Unerklärlichen, das uns jede Persönlichkeit aufgibt, und ein Schauder mag ihn anfallen, wenn er in der Geschichte jenem Dämonischen begegnet", von dem Goethe in „Dichtung und Wahrheit" geschrieben habe . . . (21)

Döhn, der dem Geschichtsunterricht unter anderem die Erziehung zur „Ehrfurcht vor der Vergangenheit" (22) aufgibt, schreibt dem personalisierenden Geschichtsunterricht die Aufgabe zu, dem Jugendlichen „Leitbilder und Vorbilder" zu vermitteln, „die ihm Richtpunkt für die eigene Lebensgestaltung innerhalb der verwirrenden Fülle strömenden Geschehens sind". Der Geschichtsunterricht müsse zu diesem Zweck zeigen, „daß auch die großen Menschen nicht frei von Widersprüchen waren, daß auch sie gute und schlechte Eigenschaften hatten und daß ihnen in ihrer Menschlichkeit Schwächen und Irrtümer, die Sünde und das Böse nicht fremd waren" (23).

Schmidt, der im Geschichtsunterricht das „Auf und Ab der Völker, Staaten und Kulturen . . . , den bunten Teppich der Zeiten und den Wechsel des Glücks" beschrieben sehen möchte (24), betont die Rolle der geschichtlichen Persönlichkeit und ihre Funktion im Geschichtsunterricht wie kein anderer westdeutscher Geschichtsdidaktiker: „Es sind die großen Gestalten der historischen Weltbewegung, Helden des Geistes und der Tat, Vollender und Verwandler, vielfach auf einsamer Welthöhe stehend ‚und alles rings um sie Tal' " (25). Schmidt leugnet nicht die objektiven Bedingungen, unter denen seine welthistorischen Individuen handeln; für ihn aber bleibt letztlich – unter Berufung auf Jakob Burckhardt – wirkliche Größe ein Mysterium: „In diesem rätselhaften Ineinanderfließen von Individuum und Welt, in dem Wechsel von Herausforderung und Antwort, Geben und Nehmen, Tragen und Getragenwerden liegt nicht zuletzt das Mysterium historischer Größe. Niemand kennt das Schlüsselwort – ‚Zeit und Mensch treten in eine geheimnisvolle Verrechnung' " (26). Im Geschichtsunterricht erleben wir und die Schüler nach Schmidt „die Wandlung des Menschen, aber auch die Konstanz des Menschlichen, das sich gleichbleibt im Urgrund aller Kulturen". Als Ergebnis eines personalisierenden Geschichtsunterrichts stelle sich eine tiefe Wahrheit über den Menschen ein: „daß er uns als ein von Gott angerufenes und ausgezeichnetes Wesen begegnet, oft in Schuld verstrickt, niemals aber nur Werkzeug, nur Funktion, sondern immer auch Person, einmalig, unauswechselbar, Krone der Schöpfung" (27).

Die wenigen Zitate, deren sprachkritische Analyse viel über den gegenwärtigen Stand der Geschichtsdidaktik in der Bundesrepublik enthüllen würde, mögen hinreichen, um die – wie auch immer motivierte – Tendenz zu einem personalisierenden Geschichtsunterricht in der gegenwärtigen geschichtsdidaktischen Standardliteratur nachzuweisen. Die Tendenz ist unverkennbar, und Ausnahmen bestätigen nur die Regel (28).

In vielen der amtlichen Bildungspläne der Bundesländer wird dem Geschichtsunterricht nicht weniger entschieden die Aufgabe gestellt, er habe „die Bedeutung der historischen Persönlichkeiten" (29) erkennen zu lassen und „die charakterliche Formung und sittliche Haltung zu beeinflussen, indem er auf der Mittelstufe dazu beiträgt, dem Jugendlichen in seiner pubertätsbedingten Unsicherheit einen Halt zu zeigen und ihm zu helfen, den Weg zu sich selbst und in die Wirklichkeit zu finden. Das ist möglich, wo das Gefühl für außergewöhnliche Leistungen und das Verständnis für weitreichende Entscheidungen am Beispiel vorbildlicher Persönlichkeiten geweckt und als Ansporn zur eigenen Bewährung erlebbar werden" (30). Es ist danach kaum verwunderlich, daß in der Praxis des Geschichtsunterrichts und im Geschichtsbuch als dem am meisten verwendeten Unterrichtsmittel das Prinzip der Personalisierung überwiegt und dominiert.

2.2. Die Personalisierung in geschichtstheoretischer Sicht

Im Hintergrund der Personalisierung im Geschichtsunterricht steht das alte geschichtstheoretische Problem der „Bedeutung der Persönlichkeit für die geschichtliche Welt" (31), das Problem der Rolle der Persönlichkeit in der Geschichte, das in der Geschichte der Geschichtswissenschaft und der Geschichtsphilosophie viele unterschiedliche Antworten gefunden hat; zwei grundsätzliche Positionen sollten hier kurz – und damit sicherlich auch verkürzt – referiert werden, daraus zu ziehende didaktische Folgerungen unter dem Gesichtspunkt der „Bedeutung der geschichtlichen Welt für die Bildung der Persönlichkeit" eingeschlossen (32). Dabei ist im Rahmen dieser Arbeit weder möglich noch notwendig, das gesamte vielschichtige Problem differenziert abzuhandeln, etwa die Rolle der Individualität im einzelnen zu beschreiben und zu bedenken, die Frage des Verhältnisses von Freiheit und Notwendigkeit subtil darzustellen oder anderen umstrittenen Fragen nachzugehen – hier wie in der ganzen Studie „der Maxime folgend, daß heute überhaupt nur Übertreibung das Medium von Wahrheit sei“ (33).

Die neuzeitliche Diskussion über das Problem der Rolle der Persönlichkeit in der Geschichte und in der politischen Welt fand in dem englischen Literaten und Historiker Thomas Carlyle den konsequentesten Vertreter und den Protagonisten einer individualistischen Auffassung. Kaum jemand hat so stark und apodiktisch wie Carlyle in seinen 1841 gehaltenen Vorlesungen über „Helden, Heldenverehrung und das Heldentümliche in der Geschichte“ (34) die Überzeugung betont, daß Geschichte das Resultat des Wirkens „großer Männer“ sei, deren Größe in ihrer intellektuellen Überlegenheit und in ihren moralischen Qualitäten bestehe. Ihre Fähigkeiten setzten sie instand, zu Initiatoren weltgeschichtlicher Veränderungen zu werden. Die geschichtliche Persönlichkeit sei unabhängig von der Zeit, in der sie lebe; der große Mann sei kein Geschöpf seiner Zeit“, kein austauschbarer Repräsentant, der nur von der Zeit aufgerufen werde und nur das vollbringe, was ohnehin an der Zeit sei. Für Carlyle war im Gegenteil „die Geschichte der Welt . . . die Lebensgeschichte großer Männer“, die völlig autonom die Geschichte gestalteten und mit ihrer „freien Kraft“ in der Lage waren, den Verlauf der Geschichte in neue, unvorhersehbare Richtungen zu zwingen (35).

Heldentümliches und Heldenverehrung bildeten bei Carlyle eine untrennbare Einheit: Das Heldentümliche, das Wirken der Helden in der Geschichte, bedingte Heldenverehrung, und aus Heldenverehrung konnte nach Carlyle rückgeschlossen werden auf Heldentümliches, auf das Wirken von Helden in der Geschichte (36). Wenn Carlyle zudem aber betonte, daß Heldenverehrung aus einem im Menschen angelegten Bedürfnis resultiere, so gab er – ohne die Gefahr des in seiner Argumentation angelegten Zirkelschlusses zu sehen – die Möglichkeit ungewollt zu, daß erst das Bedürfnis nach Heldenverehrung „Helden" schaffe oder, mit anderen Worten, daß das Bedürfnis von Menschen, das komplizierte Beziehungsgefüge von geschichtsgestaltenden und -beeinflussenden Faktoren zu personalisieren und damit zu vereinfachen, zu dem Fehlschluß verleiten konnte, die Geschichte werde in der Tat von großen Persönlichkeiten „gemacht". Es ging Carlyle aber nicht allein darum, die Rolle der großen Persönlichkeiten in der Geschichte hervorzuheben, sondern es ging ihm wesentlich auch um die didaktischen Konsequenzen seiner Auffassung: Für ihn galt als erwiesen, „daß große Menschen ein bildender Umgang sind, in welcher Weise man sich auch mit ihnen beschäftigen mag. Wir können einen großen Mann nicht betrachten, sei es auch noch so oberflächlich, ohne etwas durch ihn zu gewinnen . . ." (37). Carlyle verwies selber darauf, daß die Heldenverehrung „der eine feste Punkt in der modernen Revolutionsgeschichte" sei, der darauf hoffen lasse, daß hinter dem „wirren Durcheinander der revolutionären Zustände" seiner Zeit eine bessere Zukunft liege (38).

Die Auffassungen Carlyles sind hier lediglich referiert als der extreme Ausdruck einer Geschichtsauffassung, die gerade auch in Deutschland unter dem Einfluß der idealistischen Philosophie und in Reaktion auf sozioökonomische Veränderungen „die große Persönlichkeit als die Mitte der Geschichte, als ihre einzig bewegende Kraft" (39) begriff. Daß diese Auffassung so weit verbreitet war, lag im revolutionären 19. Jahrhundert, das politisch-soziale Revolutionen und die technisch-industrielle Revolution mit der damit gekoppelten Umwälzung und Komplizierung aller Lebensverhältnisse beinhaltete, sicherlich nicht zuletzt daran, daß die Personalisierung der Geschichte eine einfache und zugleich einleuchtende Deutung geschichtlicher und politischer Sachverhalte ermöglichte. Geschichte als das Resultat des Wirkens großer Persönlichkeiten zu begreifen, ersparte die geistige Anstrengung, das komplizierte Beziehungsgefüge und dialektische Verhältnis geschichtsbeeinflussender Faktoren aufzudecken und zu analysieren, und schuf die

Möglichkeit, die Vergangenheit und – vor allem – die immer komplizierter, immer undurchschaubarer werdende Gegenwart scheinbar plausibel zu deuten.
Zugleich aber entsprach die weit verbreitete Hervorhebung der Rolle der Persönlichkeit in der Geschichte einem konservativen oder statisch-unhistorischen und häufig elitär-kulturpessimistischen Bewußtsein, das den demokratischen Massenbewegungen des 19. Jahrhunderts feindselig gegenüberstand. Der Gefahr, daß nunmehr alle Schichten und Klassen der Gesellschaft einschließlich des Proletariats „Geschichte machen" und Privilegien bisheriger Eliten beseitigen wollten, hielt etwa Treitschke seinen Ruf „Männer machen die Geschichte" wie einen trotzigen Warnruf entgegen (40). Für Nietzsche schienen die Massen „nur in dreifacher Hinsicht einen Blick zu verdienen: einmal als verschwimmende Kopien der großen Männer, auf schlechtem Papier und mit abgenutzten Platten hergestellt, sodann als Widerstand gegen die Großen, und endlich als Werkzeug der Großen; im übrigen hole sie der Teufel und die Statistik" (41). Die Abqualifizierung sozialer Gruppen und Klassen als „Massen" – so im 19. Jahrhundert etwa in der von Nietzsche referierten „monumentalischen Geschichtsauffassung" (42), in unserem Jahrhundert etwa in Spenglers „Untergang des Abendlandes" oder in Ortega y Gassets „Aufstand der Massen" (43), – hatte ihre positive Entsprechung in der Hervorhebung der großen, geschichtsgestaltenden Persönlichkeiten und in vielen Elitetheorien – bis hin zur faschistischen Führerideologie. Die ideologische Funktion des personalisierenden Geschichtsverständnisses lag in der Legitimation jeglicher Form unkontrollierter Herrschaft Weniger und eines bedenkenlosen Erfolgs- und Profitstrebens in nicht nur politischen Bereichen.

Zugleich mit der individualistischen Auffassung war ebenfalls nicht zufällig um die Mitte des 19. Jahrhunderts, inmitten des Umbruchs der technisch-industriellen Revolution, eine Vielzahl neuer geschichtstheoretischer Konzeptionen aufgetaucht, die gegenüber der These von der Autonomie der historischen Persönlichkeit die überragende Bedeutung von Bedingungen und Umständen betonen, in die geschichtliches Handeln „eingebunden" ist. Sie verneinten übereinstimmend die angebliche Ungebundenheit der historischen Persönlichkeit und machten die historische Persönlichkeit als solche fragwürdig, indem sie die Bedeutung objektiver wirtschaftlicher und gesellschaftlicher Strukturmomente und Funktionszusammenhänge akzentuierten (44)..

Insbesondere Marx – führen wir ihn als den gewichtigsten und einflußreichsten Gegner einer individualistischen Geschichtsauffassung an – konnte nachweisen, daß sich Ergebnisse menschlichen Handelns vor allem in der Phase des Kapitalismus zu Bedingungen menschlichen Handelns konsolidierten, die die Handlungsfreiheit und Einwirkungsmöglichkeit stark einengten. Die Absicht von Marx lag dabei wahrscheinlich weniger darin, Gesetzmäßigkeiten in die Geschichte hineinzukonstruieren, als vielmehr darin, gegenüber der These von der Autonomie der menschlichen Persönlichkeit die Nichtbeliebigkeit menschlichen Handelns in Vergangenheit und Gegenwart nachzuweisen (45). Indem sich Marx von dem geschichtsspekulativen Determinismus Hegels abgrenzte, der in den großen Persönlichkeiten der Weltgeschichte nur bewußtlose und letztlich verantwortungslose „Geschäftsführer" des Weltgeistes und bloße Werkzeuge einer der Geschichte inhärenten Vernunft erblickt hatte (46), kam er zu der Aussage: „Die Menschen machen ihre eigene Geschichte"; aber – so fügte Marx hinzu – „sie machen sie nicht aus freien Stücken, nicht unter selbstgewählten, sondern unter unmittelbar vorgefundenen, gegebenen und überlieferten Umständen" (47). Die Macht der Umstände war nach Marx allerdings innerhalb des kapitalistischen Sozialprozesses so groß, daß – nach der Formulierung eines Marx-Interpreten unserer Tage – „die Menschen in dem, was sie sind und tun, sich nicht autonom ihren eigenen Möglichkeiten nach entfalten, sondern einem Äußeren unterworfen und ausgesetzt sind; daß sie in einer ihnen äußerlichen Weise von dem betroffen werden, was andere vor ihnen oder neben ihnen in Gang gesetzt haben. Dazu gehört auch, daß die Menschen im Durchschnitt nur Produkte und Funktionsträger der überlieferten und vorgefundenen Verhältnisse sind und bleiben, daß ihr Sozialverhalten darum dem Schematismus dieser Verhältnisse folgt und wie ein physikalischer Naturprozeß berechenbar wird" (48). Wo Marx aber von Gesetzen redete und den Gedanken eines nahezu absoluten historischen Determinismus nahelegte, war dies „oft nur der Ausdruck für die Nichtbeliebigkeit geschichtlicher Gestaltungen" (49).

Auch Friedrich Engels war davon überzeugt, daß in der bisherigen Geschichte die Macht der Umstände, der determinierenden Faktoren so hoch anzusetzen ist, daß das menschliche Verhalten berechenbar wird: „Wir machen unsere Geschichte selbst, aber erstens unter sehr bestimmten Voraussetzungen und Bedingungen. . . . Zweitens aber macht sich die Geschichte so, daß das Endresultat stets aus den Konflikten vieler Einzelwillen hervorgeht, wovon jeder wieder durch eine Menge besonderer Lebensbedingungen zu dem gemacht wird, was er ist; es sind also unzählige einander durchkreuzende Kräfte, eine unendliche Gruppe von Kräfteparallelogrammen, daraus eine Resultante, das geschichtliche Ergebnis hervorgeht, die selbst wieder als das Produkt einer als Ganzes, bewußtlos und willenlos wirkenden Macht angesehen werden kann. Denn was jeder einzelne will, wird von jedem anderen verhindert, und was herauskommt, ist etwas, was keiner gewollt hat. So verläuft die bisherige Geschichte nach Art eines Naturprozesses und ist auch wesentlich denselben Bewegungsgesetzen unterworfen. Aber daraus, daß die einzelnen Willen . . . nicht das erreichen, was sie wollen, sondern zu einem Gesamtdurchschnitt, einer gemeinsamen Resultante verschmelzen, daraus darf noch nicht geschlossen werden, daß sie gleich Null zu setzen sind. Im Gegenteil, jeder trägt zur Resultante bei und ist insofern in ihr einbegriffen" (50).

Eine solche Theorie, die nur der konsequenteste Ausdruck für eine neue Sicht der Geschichte war, hatte Folgen für die personalisierende Geschichtsauffassung und für die individualistische Frage nach der Bedeutung der großen geschichtlichen Persönlichkeit für die geschichtliche Welt. Für die Carlylesche Heldengestalt war in dieser Theorie ebensowenig Platz wie für Hegels Auffassung der großen Männer als der Werkzeuge der historischen Vernunft, und Engels konnte darum im Anschluß an seine Thesen schreiben: „Hier kommen dann die sogenannten großen Männer zur Behandlung. Daß ein solcher und gerade dieser zu dieser bestimmten Zeit in diesem gegebenen Lande aufsteht, ist natürlich reiner Zufall. Aber streichen wir ihn weg, so ist Nachfrage da für Ersatz und dieser Ersatz findet sich, tant bien que mal, aber er findet sich auf die Dauer“ (51).

Diese Geschichtsauffassung verwarf aber nicht die historische Persönlichkeit schlechthin, sondern ermöglichte vielmehr eine wesentlich differenziertere Auffassung von ihr: Die historische Persönlichkeit konnte nicht länger definiert werden als ein Individuum, das in absoluter Freiheit Geschichte nach Belieben gestaltete, sondern als ein hervorragendes gesellschaftliches Wesen, das im Rahmen vorgegebener sozioökonomischer, politischer und kultureller Bedingungen sinnvoll handelte und die in diesem engen Rahmen gegebenen Möglichkeiten realisierte oder zum Teil realisierte. Die historische Persönlichkeit in der Theorie des Marxismus – vor allem Plechanow hat dies zu beweisen versucht (52) – handelt nicht in absoluter Freiheit, sondern nutzt lediglich die menschliche Freiheit, die per definitionem eine stark eingeschränkte Freiheit und nicht die Freiheit einer voluntaristischen Gestaltung ist (53).

Zugleich aber betonte der Marxismus – wie im Engels-Zitat belegt –, daß im Rahmen vorgegebener und relativ determinierender Bedingungen alle Menschen und nicht nur historische Persönlichkeiten ihren mehr oder weniger großen Anteil an der historischen Entwicklung haben und daß es in der Geschichtsschreibung auch darauf ankomme, diesen Anteil durch eine nicht nur legitime, sondern notwendige Erweiterung der Perspektive sichtbar zu machen. Was Bertolt Brecht in den „Fragen eines lesenden Arbeiters“ (54) schrieb, war der klassische dichterische Ausdruck der Kritik an der traditionellen Geschichtsschreibung mit ihrer Bevorzugung der Haupt- und Staatsaktionen und ihrer Vorliebe für die großen geschichtsgestaltenden Persönlichkeiten und zugleich der Ausdruck der Forderung nach einer Perspektiverweiterung:

„Wer baute das siebentorige Theben?
In den Büchern stehen die Namen von Königen.
Haben die Könige die Felsbrocken herbeigeschleppt?
Und das mehrmals zerstörte Babylon –
Wer baute es so viele Male auf? In welchen Häusern
Des goldstrahlenden Lima wohnten die Bauleute?
Wohin gingen an dem Abend, wo die Chinesische Mauer fertig war
Die Maurer? Das große Rom
Ist voll von Triumphbögen. Wer errichtete sie? Über wen
Triumphierten die Cäsaren? Hatte das vielbesungene Byzanz
Nur Paläste für seine Bewohner? Selbst in dem sagenhaften Atlantis
Brüllten in der Nacht, wo das Meer es verschlang
Die Ersaufenden nach ihren Sklaven.

Der junge Alexander eroberte Indien.
Er allein?
Cäsar schlug die Gallier.
Hatte er nicht wenigstens einen Koch bei sich?
Philipp von Spanien weinte, als seine Flotte
Untergegangen war. Weinte sonst niemand?
Friedrich der Zweite siegte im Siebenjährigen Krieg. Wer
Siegte außer ihm?

Jede Seite ein Sieg.
Wer kochte den Siegesschmaus?

Alle zehn Jahre ein großer Mann.
Wer bezahlte die Spesen?

So viele Berichte.
So viele Fragen.“

Und Walter Benjamin, der mit seiner Forderung, in jeder Epoche müsse „versucht werden, die Überlieferung von neuem dem Konformismus abzuzwingen, der im Begriff steht, sie zu überwältigen“, zugleich ein geschichtsdidaktisches Postulat von höchster Wichtigkeit aufgestellt hat (55), kam in seiner Kritik am Historismus als einer traditionellen Form deutscher Geschichtsschreibung zu einem ähnlichen Ergebnis wie Brecht, das er nicht minder eindrucksvoll formulierte. Er warf die Frage auf, „in wen sich denn der Geschichtsschreiber des Historismus eigentlich einfühlt. Die Antwort lautet unweigerlich, in den Sieger. Die jeweils Herrschenden sind aber die Erben aller, die je gesiegt haben. Die Einfühlung in den Sieger kommt demnach den jeweils Herrschenden allemal zugut. Damit ist dem historischen Materialisten genug gesagt. Wer immer bis zu diesem Tage den Sieg davontrug, der marschiert mit in dem Triumphzug, der die heute Herrschenden über die dahinführt, die heute am Boden liegen. Die Beute wird, wie das immer so üblich war, im Triumphzug mitgeführt. Man bezeichnet sie als die Kulturgüter. Sie werden im historischen Materialisten mit einem distanzierten Betrachter zu rechnen haben. Denn was er an Kulturgütern überblickt, das ist ihm samt und sonders von einer Abkunft, die er nicht ohne Grauen bedenken kann. Es dankt sein Dasein nicht nur der Mühe der großen Genien, die es geschaffen haben, sondern auch der namenlosen Fron ihrer Zeitgenossen. Es ist niemals ein Dokument der Kultur, ohne zugleich ein solches der Barberei zu sein. Und wie es selbst nicht frei ist von Barbarei, so ist es auch der Prozeß der Überlieferung nicht, in der es von dem einen an den anderen gefallen ist. Der historische Materialist rückt daher nach Maßgabe des Möglichen von ihr ab. Er betrachtet es als seine Aufgabe, die Geschichte gegen den Strich zu bürsten" (56).

Die Bemerkungen Brechts und Benjamins sind mehr als bloße Marginalien von Außenseitern, mehr als nur trefflich formulierte Ansichten geschichtstheoretischer Amateure. Die kritischen „Fragen eines lesenden Arbeiters" und die Feststellung Benjamins, daß kein Dokument der Kultur existiere, das nicht zugleich von Barbarei zeuge, zielen auf eine Geschichtsschreibung, in der die „Leute" zugunsten der „Helden" vergessen wurden und in der die Leistungen und die Leiden, die Subjekt- und Objektrolle namenloser Zeitgenossen jeweiliger Geschichte unterrepräsentiert waren. Die „Fragen eines lesenden Arbeiters" und die Forderung, die Geschichte gegen den Strich zu bürsten, wenden sich gegen eine einseitige, unnötige und ideologisch bedingte Fixierung auf bestimmte historische Sachverhalte und bestimmte historsiche Subjekte, auf einen kaum begründbaren Kanon von Ereignissen und Gestalten. Sie fordern – wie Benjamin sagt: „nach Maßgabe des Möglichen" – eine ergänzende, gewissermaßen eine kompensatorische und korrigierende Perspektive, und kein Historiker wird ihnen mehr die Berechtigung dieser Forderung theoretisch bestreiten. Denn der Historiker kann legitimerweise – weil Standortgebundenheit des Historikers ein charakteristisches Merkmal der Historie ist (57) – auch die „Namenlosen" in den Blick nehmen und seinen Scheinwerfer so auf sie richten, daß sie aus der Dunkelheit, in der sie bisher verborgen waren, auftauchen und uns Auskunft geben über ihre Leistungen und Leiden, über ihre Vorstellungen und Erfahrungen (58).

Der Vorwurf, den Walter Benjamin dem Historismus machte, war im Kern sicherlich berechtigt, da der Historismus zur Übersteigerung der Individualität neigte und den historischen Strukturen und Funktionszusammenhängen kaum je die Aufmerksamkeit schenkte, die ihnen zukommt. Dennoch betraf der Vorwurf kein absolut notwendiges Element des Historismus, sondern nur eine in der Theorie als nicht unbedingt notwendig erkennbare praktische Verfahrensweise des Historismus, wie Theodor Litt nachhaltig betont hat. Wenn Litt die Grundthese des Historismus, daß Geschichte das Resultat des Wollens, Entscheidens und Handelns von Menschen ist, die auf je und je unterschiedlich ausgelegte objektive Bedingungen sinnvoll einzuwirken versuchten, darlegte, so versäumte er nicht, auch den Anteil der Namenlosen zu betonen: „Geschichtlich erheblich sind nicht nur die Entscheidungen, durch welche die weithin sichtbaren Verwalter der gemeinsamen Dinge die schicksalsstiftenden Wendungen der Gesamtentwicklung herbeiführen. Von ihnen her geht es in fließenden Übergängen weiter zu den in unübersehbarer Mannigfaltigkeit sich vereinzelnden Meinungen und Entschließungen der Namenlosen, die, aus unfeststellbaren Anfängen zu unvoraussehbaren Gesamtresultaten zusammenrinnend, ihr wesentliches Anteil zum Ausfall der anstehenden Entscheidungen beitragen" (59). Der Geschichtsschreiber des Historismus kann sich demnach auch in die Namenlosen einfühlen, und geschichtliches „Verstehen" von „Menschen in ihrer Zeit"(60) muß sich nicht notwendigerweise ausschließlich an den Siegern vollziehen.

Geschichte ist also das Resultat sinnbezogenen menschlichen Handelns und zwar nicht nur des Handelns sogenannter „großer Persönlichkeiten", sondern auch des Handelns der sogenannten „Namenlosen", also das Resultat des Handelns aller Menschen. Die Möglichkeit einer voluntaristischen Gestaltung gesellschaftlicher Prozesse – bei Carlyle noch Grundlage seiner „Heldenverehrung" – ist danach allerdings ausgeschlossen: menschliches Handeln vollzieht sich unter bestimmten, historisch vorgegebenen Bedingungen, und die Freiheit menschlichen Handelns findet ihre enge Grenze in dem, was die objektive Konstellation erlaubt. Inhalt historischer Darstellung ist aber nicht notwendigerweise die Subjektrolle historischer Einzelpersonen oder Gruppen – seien es Persönlichkeiten oder Namenlose: Durch eine legitime und korrigierende Perspektiverweiterung können auch historische Einzelpersonen oder Gruppen, die Objekt in ihrer Zeit waren, in historische Darstellung aufgenommen werden.

Die Historie hat diesen Tatbeständen durch die stärkere Berücksichtigung wirtschafts-, sozial- und kulturgeschichtlicher Strukturzusammenhänge bereits zu einem guten Teil Rechnung getragen. Sie hat „die kurzschlüssige Meinung, daß ‚Männer die Geschichte machen', – eine Meinung, die nur unter bestimmten geschichtlichen Voraussetzungen zur Geltung gelangen konnte – abgetan", und ihr geht es heute „immer um den Menschen in seinen Sachstrukturen und epochalen Bedingtheiten" (61). Sie hat sich aber insgesamt nur zögernd der Aufgabe zugewandt, auch das Leben der Namenlosen und ihrer Subjekt- und Objektrolle, d. h. auch das Leben jeweiliger Unterschichten historischer Gesellschaften zu erforschen, weil sie noch immer weitgehend einem „Erfolgskult" (62) huldigt, der sie dazu verführt, vorwiegend spektakuläre Ereignisse und erfolgreiche Bewegungen oder Menschen zu berücksichtigen.

2.3. Didaktische Folgerungen aus der geschichtstheoretischen Untersuchung

Den bisherigen Ausführungen liegt eine Konzeption von Geschichte zugrunde, die ihre didaktischen Konsequenzen hat (63). Da sie, einen relativen historischen Determinismus anerkennend, jeden absoluten Determinismus ausschließt, schließt sie auch einen daraus möglicherweise oder gar notwendigerweise resultierenden Fatalismus und eine Resignationshaltung in politicis aus. Da sie andererseits die Idee einer absoluten und auf wenige Menschen beschränkten Freiheit entschieden verwirft, eröffnet sie die Erkenntnis der Unmöglichkeit einer voluntaristischen Veränderung politisch-historischer Sachverhalte; sie vermittelt vielmehr demjenigen, der politisch handeln will und zu politischem Handeln aufgerufen ist, die Erkenntnis der Notwendigkeit einer genauen Analyse der objektiven Gegebenheiten und der in ihnen liegenden Möglichkeiten der politischen Veränderung. Sie vermittelt die Erkenntnis, daß die Verwirklichung politischer Vorstellungen immer nur die Teilrealisierung des noch nicht Möglichen, der individuellen wie gesellschaftlichen konkreten Utopie bedeutet.

Da diese Konzeption Geschichte auch als das Resultat des Handelns aller Menschen oder besser: als das Resultat des passiven u n d aktiven Verhaltens aller Menschen unter bestimmten, historisch gegebenen Bedingungen begreift, kann sie die Mit-Verantwortlichkeit aller folgern, die durch ihr passives oder aktives Verhalten zur Situationsveränderung beigetragen haben; und zwar ist diese Mit-Verantwortlichkeit lediglich als die Feststellung des objektiv erhebbaren Anteils der Beteiligten an der neu entstandenen Situation, nicht aber moralisch aufzufassen. Dabei ist zwar zu berücksichtigen, daß diese Mit-Verantwortlichkeit je nach Position und den Einwirkungsmöglichkeiten der Beteiligten gestuft ist – in verschiedenen historischen Epochen ist es damit sehr verschieden bestellt –, andererseits aber nicht zu vergessen, daß sie prinzipiell für alle Menschen gilt und konstatierbar ist.

Geschichte aus welchen Gründen auch immer vorwiegend als das Resultat des Wirkens großer Persönlichkeiten darzustellen oder erscheinen zu lassen, birgt ebenso wie die Überbetonung der Sachumstände, die dann allzuleicht als „Sachzwänge" erscheinen, didaktisch die Gefahr, daß die Mitverantwortlichkeit nicht gesehen wird und die Einflußmöglichkeiten jedes einzelnen unterschätzt werden.

Ein Geschichtsunterricht dagegen, dessen didaktische Konzeption unter anderem darauf zielt, die sogenannten „großen Persönlichkeiten" in der Darstellung und in der Betrachtung zurücktreten zu lassen, durch eine neue und korrigierende Perspektive auch die Namenlosen „nach Maßgabe des Möglichen" in den Blick zu nehmen und die jeweils gegebenen Bedingungen, unter denen und in Auseinandersetzung mit denen sich konkretes menschliches, historisch-politisches Handeln vollzog, darzustellen - ein solcher Geschichtsunterricht wird seine politische Bildungsaufgabe in einer demokratisch verfaßten und unter dem Postulat einer weiteren Demokratisierung stehenden Gesellschaft kaum verfehlen können.

Die Hervorhebung der Rolle der „großen Persönlichkeiten", wie sie vielfach in der westdeutschen geschichtsdidaktischen Standardliteratur, in der Geschichtsdarstellung im Schulbuch, in den amtlichen Richtlinien und - soweit feststellbar - in der Praxis des Geschichtsunterrichts begegnet, ist zumindest irritierend, wenn man einerseits den Stand der geschichtstheoretischen Abklärung des Problems und andererseits die Konsequenzen eines personalisierenden Geschichtsunterrichts bedenkt. Wenn Geschichtsunterricht heute die Funktion hat und haben muß, kritische Menschen zu erziehen, die aus dem Wissen über die relative Offenheit jeweiliger historisch-politischer Konstellationen und aus dem Wissen über die Veränderlichkeit aller Lebensverhältnisse (64) die Gegenwart bewußt und rational, unter Berücksichtigung differenziert reflektierter historischer Erfahrungen verändern sollen, um nicht bloßes Objekt des Geschehens zu sein, dann läuft ein personalisierender Geschichtsunterricht dieser politischen Bildungsaufgabe diametral entgegen. Die Frage drängt sich auf, wie die nach wie vor feststellbare Vorliebe für die Behandlung der historischen Persönlichkeit im Geschichtsunterricht begründet ist. Handelt es sich bei dem personalisierenden Geschichtsunterricht lediglich um ein Relikt aus der Geschichte des Geschichtsunterrichts, um einen fragwürdigen Traditionsbestand, der bisher nicht aufgearbeitet wurde? Oder liegt die Begründung für den personalisierenden Geschichtsunterricht in der so häufig betonten Berücksichtigung angeblich entwicklungsbedingter Gegebenheiten der Schüler, in der Kindgemäßheit und Phasengerechtheit, die der Geschichtslehrer nach Auffassung der älteren Entwicklungspsychologie stets zu bedenken habe? Beiden Fragen wird jedenfalls kritisch nachzugehen sein.

2.4. Personalisierung – ein Relikt aus der Geschichte des Geschichtsunterrichts?

Ein Blick in die bis heute leider nur in Bruchstücken vorhandene Geschichte des Geschichtsunterrichts kann eine erste Antwort auf die Frage erbringen, warum der personalisierende Geschichtsunterricht noch immer en vogue ist. In der Geschichte des Geschichtsunterrichts lassen sich - sehr grob und sehr vereinfachend - zumindest zwei Formen des Geschichtsunterrichts unterscheiden: der Geschichtsunterricht als historische Unterweisung der Kinder einer aristokratischen Oberschicht, mit anderen Worten, als historische Unterweisung einer für spätere Herrscheraufgaben vorbestimmten Elite; andererseits der Geschichtsunterricht als eine öffentliche Veranstaltung zur historischen Unterweisung sehr verschieden gestellter und sehr verschieden eingeschätzter Untertanen, vom Staat dekretiert und vom Staat inhaltlich entsprechend den Zielsetzungen und den Adressaten der jeweiligen Schulgattungen bestimmt. In beiden Fällen lassen sich - neben anderen und für die jeweilige Zeit vielfach wichtigeren Strömungen - fast immer auch personalisierende Tendenzen nachweisen; vor allem im öffentlichen Geschichtsunterricht findet sich das

Prinzip der Personalisierung zum Teil neben, zum Teil in neuhumanistischen, christlichen, nationalistischen, kulturhistorischen oder anderen didaktischen Ansätzen, deren Bedeutung uns hier nur insofern beschäftigen kann, als sie das Prinzip der Personalisierung relativierten oder verstärkt zur Geltung kommen ließen.

Im Bereich der Fürstenerziehung etwa des 18. Jahrhunderts war der Geschichtsunterricht weitgehend identisch mit einem Fürstenspiegel. Die historische Unterweisung beinhaltete vor allem die Darstellung des Lebens und Handelns bedeutender Persönlichkeiten aus der biblischen und aus der Geschichte des klassischen Altertums und bedeutender standesgleicher Vorfahren, die damit als Exempla für moralisch und politisch vorbildliches - oder auch nicht vorbildliches – Wirken vorgeführt wurden. Indem dieser auf Eliten beschränkte und zugeschnittene Geschichtsunterricht neben der „Statistik" als der Staatenkunde und Staatskunde vorwiegend Lebensbilder großer Herrscherpersönlichkeiten in den Vordergrund rückte, die als Vorbilder und Leitbilder dienen sollten und Zeugnis von den Vorfahren des eigenen Geschlechts oder anderer Geschlechter gaben, war er zugleich auch Gesinnungsunterricht, der von seiner Zwecksetzung her - sachliche Aufklärung und Charakterbildung - notwendigerweise auch ein stark personalisierendes Element implizierte. Hier ist die erste Quelle eines personalisierenden Geschichtsunterrichts zu sehen, in dem die Schüler - junge Aristokraten - fast ausschließlich von ihresgleichen, von standesgleichen Vorfahren hörten oder mit geschichtlichen Persönlichkeiten konfrontiert wurden, die sich in einer sozial und politisch vergleichbaren Stellung befanden (65).

Der öffentliche Unterricht und damit auch der Geschichtsunterricht war vor dem einschneidenden Ereignis der Befreiungskriege so beschaffen, daß Schleiermacher nach dem nationalen Aufbruch dieser Kriege sich zu der Frage veranlaßt sah: „Soll nun die Geschichte ausschließendes Eigentum der Regierenden sein, sollen die Regierten davon ausgeschlossen sein?" (66). Es bleibt zu beachten, wann diese auf die Volksschule bezogene Forderung nach geschichtlicher Unterweisung auch für das Volk erhoben wurde: in der Zeit der anhebenden Reaktion und Restauration, in einer Zeit, in der Teile des Bürgertums unter dem Eindruck der Französischen Revolution Anteil an der Regierung forderten und in der andererseits die Aristokratie bemüht war, ihre Privilegien und ihre Vorherrschaft zu bewahren. Schleiermacher selber referierte in kritischer Distanz, in welcher Gefahr der Geschichtsunterricht unter diesen Auspizien von allem Anfang an schwebte: „Es gibt einen Standpunkt, von dem aus man wünscht, daß das jüngere Geschlecht nichts höre von dem, was das ältere erlebt hat, weil durch solche Mitteilungen der Väter in den Kindern leicht gar arge Gedanken, die sie nicht haben sollen, erregt werden könnten". Wenn Schleiermacher dem entgegenhielt, der Geschichtsunterricht solle „die Ungleichheit vermindern, das Volk der höheren Klasse näher bringen" helfen (67), so stand er mit einer solch kritischen Konzeption doch auf verlorenem Posten: Vor dem Hintergrund der Zeit verstand es sich fast von selber, daß der öffentliche Geschichtsunterricht in Deutschland als eine staatliche Veranstaltung als Mittel zum Zweck der ideologischen Ausrichtung und der Erhaltung des jeweiligen status quo dienen sollte, war doch der Staat ein Machtinstrument der um ihre Vorherrschaft und Privilegien kämpfenden Aristokratie, später ein Machtinstrument der Aristokratie und der mit ihr kooperierenden Teile der Großbourgeoisie.

Der öffentliche Geschichtsunterricht war zwar - wie die Schulpflicht überhaupt - ein Hinweis darauf, daß das Bildungsmonopol und die Bildungsprivilegien der herrschenden aristokratischen und großbürgerlichen Schichten sehr stark eingeschränkt wurden, doch wurden andererseits das Schulwesen und damit auch der Geschichtsunterricht zu Instrumenten der gesellschaftlich und politisch dominierenden Schichten - zunächst des Adels und dann des mit dem Adel kooperierenden Teils des Bürgertums - , die von ihren Interessen und Wertvorstellungen her den Geschichtsunterricht durch staatliche Erlasse inhaltlich nach Bildungsgehalten und Bildungsinhalten eindeutig bestimmten. Dabei sind in den verschiedenen Schulgattungen durchaus verschiedene Ansätze auszumachen, neuhumanistische, christliche oder nationalistische didaktische Konzeptionen zu entwickeln und besonders in den höheren Schulen unterschiedliche Schwerpunkte zu setzen, während in der Volksschule von allem Anfang an eine „vaterländische" Bildung, mit christlicher Bildung versetzt, vorherrschende didaktische Intention war. Seit Kohlrauschs „Bemerkungen über die Stufenfolge des Geschichtsunterrichts in den höheren Schulen" (1818) aber war der biographisch orientierte Geschichtsunterricht aus psychologisch-methodischen Gründen in allen Schulgattungen als erste Stufe des Geschichtsunterrichts fast allgemein akzeptiert (68). Didaktisch wurde dem Geschichtsunterricht spätestens seit der Jahrhundertmitte - vor allem in den Volksschulen - offiziell die Aufgabe zugewiesen, die im ersten der drei Stiehlschen Regulative formuliert worden war: „Achtung und Liebe zu der Herrscherfamilie vermitteln zu helfen" und „namentlich Kenntnis und Verständnis unserer vaterländischen Einrichtungen, Zustände, der in ihnen hervortretenden Personen und ihrer Taten" zu erzielen (69). Das bedeutete, daß das wesentliche Moment des Geschichtsunterrichts zur Zeit der absoluten Fürstenherrschaft - die Darstellung von Geschichte an standesgleichen Persönlichkeiten oder Gruppen - beim öffentlichen Geschichtsunterricht vor allem in den Volksschulen nicht analog angewendet wurde, sondern daß entsprechend der ideologischen Zielsetzung ein anderes Prinzip eingeführt wurde. Der Geschichtsunterricht, dem die Regierten in dieser Zeit revolutionärer Umwälzungen ausgesetzt wurden, betrachtete Geschichte nicht aus der Perspektive der Untertanen und Regierten und stellte nicht standes- und klassengleiche Personen und Gruppen und ihre historischen Leistungen und Erfahrungen in das Zentrum, sondern sah Geschichte und vermittelte Geschichte so gut wie ausschließlich aus der Perspektive der Herrschenden und Regierenden und aus der Sicht des klassischen Altertums und der Bibel. Die herrscherliche Familie in Vergangenheit und Gegenwart war vor allem in den Volksschulen zumeist der Bezugspunkt und das Integrationsmedium bei der Darstellung und Betrachtung der Geschichte im Unterricht: Geschichte erschien als die Geschichte von Fürsten- und Herrscherhäusern, als historischer Fürstenspiegel für unmündig gehaltene Untertanen, als eine Abfolge von Haupt- und Staatsaktionen „großer Persönlichkeiten", als das standes- und klassenungleichen Persönlichkeiten und Gruppen vorbehaltene Aktionsfeld und als Geschichte jeweiliger Obrigkeiten.

Wie sehr es die Absicht dieses staatlich reglementierten und dynastisch orientierten Geschichtsunterrichts war, die Schüler durch einen als Gesinnungsunterricht konzipierten Unterricht stark personalisierender Tendenz zu treuen Untertanen und unkritischen Anhängern des Herrscherhauses zu erziehen, geht am deutlichsten aus jenem berühmten Erlaß Wilhelms II. hervor, der wohl nicht nur zufällig vom 1. Mai 1889 datierte: Zu diesem Zeitpunkt waren zwar die Repressivmaßnahmen gegenüber der Arbeiterbewegung noch in Kraft, doch hatte sich ihre Wirkungslosigkeit bereits deutlich gezeigt; zudem jährte sich in diesem Jahre die Französische Revolution, deren Gleichheitsforderung bislang nicht erfüllt war, zum einhundertsten Male; und schließlich war der 1. Mai 1889 von der Zweiten Internationale im Blick auf die noch unvollendete Französische Revolution erstmalig zum „Tag der Arbeit", zum Demonstrationstag der Arbeiterbewegung, erklärt worden - Anlässe genug, an einem solchen Tag in einem solchen Jahr den zentralen Stellenwert des Geschichtsunterrichts in dieser Klassenauseinandersetzung hervorzuheben und andere als revolutionäre und demokratische Traditionen zu betonen: „Schon längere Zeit hat mich der Gedanke beschäftigt, die Schule in ihren einzelnen Abstufungen nutzbar zu machen, um der Ausbreitung sozialistischer und kommunistischer Ideen entgegenzuwirken. ... Die vaterländische Geschichte wird insonderheit auch die Geschichte unserer sozialen und wirtschaftlichen Gesetzgebung und Entwicklung seit dem Beginn dieses Jahrhunderts bis zu der gegenwärtigen sozialpolitischen Gesetzgebung zu behandeln haben, um zu zeigen, wie die Monarchen Preußens es von jeher als ihre besondere Aufgabe betrachtet haben, der auf die Arbeit ihrer Hände angewiesenen Bevölkerung den landesväterlichen Schutz angedeihen zu lassen und ihr leibliches und geistliches Wohl zu heben und wie auch in Zukunft die Arbeiter Gerechtigkeit und Sicherheit ihres Erwerbes nur unter dem Schutze und der Fürsorge des Königs an der Spitze eines geordneten Staates zu erwarten haben. Insbesondere vom Standpunkt der Nützlichkeit, durch Darlegung einschlagender praktischer Verhältnisse, wird schon der Jugend klar gemacht werden können, daß ein geordnetes Staatswesen mit einer sicheren monarchischen Leitung die unerläßliche Vorbedingung für den Schutz und das Gedeihen des einzelnen in seiner rechtlichen und wirtschaftlichen Existenz ist ..." (70)

Die „Nutzbarmachung" des Geschichtsunterrichts erfolgte damit über das Prinzip der Personalisierung: Hauptgestalten des Geschichtsunterrichts sollten die Monarchen Preußens als treu sorgende Landesväter sein, die sowohl den Willen als auch die Macht hatten, dem Volke Schutz und Fürsorge angedeihen zu lassen. Innerhalb dieses feudalistischen Verhältnisses schuldete das Volk dem Monarchen Dank und Treue. In den Ausführungsbestimmungen des Königlichen Staatsministeriums vom 27. Juli 1889 hieß es weiter: „Wenn die Kinder unsere großen weltgeschichtlichen Personen auf dem Thron und im Staatsdienst in ihrer hingebenden Arbeit erkennen, so kann das seine Wirkung auf die Jugend nicht verfehlen" (71). Die Schüler sollten sich im Geschichtsunterricht der Macht, der Kraft und der Güte der Herrscher bewußt werden, Politik als die Domäne einer einmal gegebenen Obrigkeit anerkennen.

Diese Konzeption eines herrscherlichen Persönlichkeitskultes enthielt bereits Elemente einer bürgerlichen Ideologie. Das feudalistische Element des herrscherlichen Persönlichkeitskultes war unschwer übertragbar auf das wirtschaftliche Grundverhältnis von Kapital und Arbeit. Das ebenfalls personalisierende Geschichtsbild des ideologisch dominierenden Teils des Bürgertums stammte aus der liberalistischen (Wirtschafts-) Ideologie - die vom kleinen Handwerker zum Großkapitalisten aufgestiegene „Unternehmerpersönlichkeit" war Ausdruck dieser Ideologie, in der das „Recht des Stärkeren" als zentrale Kategorie dieser „bürgerlichen Erfolgsreligion" (72) proklamiert wurde - und schlug sich im politischen Bereich unter anderem als nationalistischer Heroenkult - von Arminius bis auf Bismarck - nieder, der unschwer in den bisherigen personalisierenden Geschichtsunterricht einzubauen war. Der bürgerlich-nationalistische Heroenkult wurde vor allem im Wilhelminischen Deutschland von der Aristokratie aufgegriffen und usurpiert. In den Geschichtsbüchern der Zeit tritt eine Einstellung hervor, die den Gang der Geschichte weitgehend von den Taten großer Herrscherpersönlichkeiten und großer Nationalhelden auch nichtadeliger Provenienz bestimmt sieht - mit der Konsequenz eines Persönlichkeitskultes und einer starken Betonung der Kriegsgeschichte als des hauptsächlichen Aktionsfeldes nationaler Heroen (73). Dem Geschichtsunterricht war damit objektiv die Aufgabe zugewiesen, den nach der Verfassung möglichen Einfluß anderer als adeliger und treu zur bestehenden Staats- und Gesellschaftsordnung stehender Schichten zu kanalisieren.

Versuche kritischer Geschichtsdidaktiker, das Prinzip der Personalisierung auf dem Weg über eine stärkere Betonung der politisch scheinbar unverfänglichen Kulturgeschichte zu relativieren und in seinen Wirkungen einzuschränken, fanden gegenüber den offiziellen Forderungen nur bedingt Widerhall, so eindringlich sie auch etwa von Biedermann formuliert worden waren: „Der ganze Zug unserer politischen und sozialen Bestrebungen geht dahin, unser Volk in allen seinen Schichten, selbst die untersten nicht ausgenommen, zu einer selbstbewußten und tatkräftigen Beteiligung an den großen nationalen und allgemeinmenschlichen Kulturaufgaben heranzubilden, zugleich solche Formen und Einrichtungen zu schaffen, welche diese Beteiligung in rechte Bahnen leiten. Man braucht wahrhaftig noch lange kein 'Demokrat' zu sein, man kann den Verdiensten der hervorragenden Männer in der Vergangenheit wie in der Gegenwart die aufrichtigste Verehrung und Dankbarkeit zollen und kann es doch ebenso geschichtlich falsch, als aus praktischen Gründen gefährlich finden, wenn unsere Jugend von früh auf daran gewöhnt werden soll, in allen Wendungen und Wandlungen unserer Geschichte immer und überall nur das Walten einzelner Persönlichkeiten zu erblicken, den ganzen übrigen Teil der Nation aber nur wie eine passive Masse anzusehen, welche jeder wirksamen, selbsttätigen Teilnahme an der Gestaltung ihrer Geschicke entbehre. Ohnehin neigt ein nur allzu großer Teil unseres Volkes dahin, von einzelnen Persönlichkeiten alles zu erwarten, statt selbst die Schulter ans Rad zu stemmen. Doppelt bedenktlich erscheint es daher, diesen Hang zur Passivität und diesen das rechte Maß überschreitenden Personenkultus durch die Art des Geschichtsunterrichts schon in der Jugend zu nähren. Richtiger verfährt man jedenfalls, wenn man dem Schüler durch eine wahrheitstreue und wirklich unbefangene Geschichtsdarstellung zeigt, wie zwar zu allen Zeiten einzelne große Persönlichkeiten in der Geschichte wirksam gewesen sind, aber doch nicht sie allein und ausschließlich, daß vielmehr die Gesamtheit des Volkes immer einen Anteil an der Gestaltung seines Geschickes zum Guten oder zum Schlimmen gehabt habe" (74).

Das so deutlich formulierte Zeugnis Biedermanns ist ein Indiz mehr, wie weit das Prinzip der Personalisierung im Geschichtsunterricht verbreitet war und wie stark es offiziell gefördert wurde. Allen kritischen Gegenstimmen zum Trotz war die Personalisierung ein dominierendes Element gerade des Geschichtsunterrichts im Kaiserreich. Die Geschichtsschreibung der Preußischen Schule legitimierte ein solches personalisierendes Geschichtsverständnis und förderte eine Geschichtsauffassung, die Geschichte lediglich aus der Perspektive der Regierenden und der Sieger zu sehen vermochte - ganz im Gegensatz zur demgegenüber recht einflußlosen Richtung der Kulturgeschichtsschreibung. Treitschkes Formel steht weitgehend für diese Geschichtsauffassung der Preußischen Schule; und wenn Heinrich von Sybel etwa - um ein praktisches Beispiel dieser Geschichtsschreibung zu zitieren - in seiner „Geschichte der Revolutionszeit" die französischen Revolutionäre als „Schreier der Hallen" und als „Banditen des 6. Oktober", ihre Herrschaft als „rasende Pöbelherrschaft" und als „Pöbelgewalt" bezeichnete, so brach dabei nicht nur die Sicht, sondern auch die Sprache der Obrigkeit durch (75). Hier war das vorgebliche Prinzip dieser Historie - sine ira et studio, „objektiv" zu berichten -

nicht gewahrt, und auf diese Vertreter einer obrigkeitsstaatlich ausgerichteten Historie trifft die Kritik Benjamins am Historismus eher zu als auf die eigentlichen Vertreter des Historismus. Einwände gegen eine solche personalisierende - und offen ideologische - Geschichtsschreibung, wie sie etwa von Karl Lamprecht vorgetragen wurden (76), drangen ebensowenig durch wie etwa stärker sozial- und wirtschaftsgeschichtlich orientierte oder gar marxistische Ansätze, für die die Namen Franz Mehrings und Plechanows standen, die über die Rolle der Persönlichkeit in der Geschichte differenzierter dachten (77).

Die Jahre der Weimarer Republik waren zu kurz, um in der Theorie und Praxis des Geschichtsunterrichts trotz mancher Ansätze eine auch weithin akzeptierte alternative Konzeption zum personalisierenden Geschichtsunterricht zu entwickeln und durchzusetzen, zumal die immer stärker aufkommende Entwicklungspsychologie das Prinzip der Personalisierung aus psychologischen Gründen als ein geeignetes methodisches Mittel empfahl, um den Schülern bestimmter Altersstufen Geschichte zu erschließen. Die didaktischen Konsequenzen dieses Ansatzes wurden dabei nicht bedacht; im Gegenteil verstellte dieser psychologisierende Ansatz den Blick auf die eigentliche didaktische Problematik der Personalisierung (78).

Der Nationalsozialismus mit seiner Ideologie des Führerstaates und des Führer-Gefolgschafts-Verhältnisses war wie der Faschismus überhaupt auf ein nahezu ausschließlich personalisierendes Geschichtsbild ausgerichtet und konnte sich - in dieser Hinsicht - auf eine lange Tradition sowohl in der Geschichtswissenschaft wie im Geschichtsunterricht berufen. Indem der Nationalsozialismus sich als ein Aufstand gegen die moderne Welt begriff, gehörte schon darum zu seiner Ideologie der Kult des heroischen, geschichtemachenden Menschen, der auch in der Lage war, das Rad der Geschichte zurückzudrehen. Der Geschichtsunterricht wurde konsequent der Vermittlung einer „heldenhaften" Geschichtsauffassung an die Jugend nutzbar gemacht: „Im Mittelpunkt eines Unterrichts, der die Jugend begeistern und zu Taten anspornen will, müssen immer die großen Gestalten unserer Geschichte stehen. Der Held ist der Träger der Werte, die eine Nation großmachen. Zum Helden und Führer gehört die Gefolgschaft: zum germanischen Häuptling sein Gefolgsmann, zum Kaiser des Mittelalters sein Ritter, zum preußischen König sein Offizierskorps, zum Führer der Gegenwart die Schar seiner Getreuen. Führer und Mannen umschlingt das Band gegenseitiger Treue. Ihr Tun und Sein ist auf einen 'seelischen Mittelpunkt' eingestellt. Den deutschen Helden zeichnen zu allen Zeiten die Charakterwerte der Ehre und Pflicht aus. Wenn wir das Leben der Jugend nach diesen beiden Polen ausrichten, so erziehen wir sie zur rechten Gefolgschaft unserer großen Vorbilder" (79). Hier kehrte im Prinzip die feudalistische Argumentation eines zwischen Führer und Masse bestehenden gegenseitigen Treue- und Pflichtenverhältnisses wieder: Die Schüler sollten zur Gefolgschaft „ausgerichtet" werden und als künftige Staatsbürger die politischen Entscheidungen und in ihrer Mehrheit als künftige Lohnabhängige die ökonomischen Entscheidungen den dazu berufenen „Führern" überlassen. Die nationalsozialistische Auffassung des Verhältnisses von Führer und Gefolgschaft als eines strukturellen Merkmals aller bisherigen Geschichte eignete sich vorzüglich zu einer scheinbar historisch legitimierten Disqualifizierung aller demokratischen Bestrebungen im politischen und gesellschaftlichen Bereich und ließ sich unschwer in überkommene elitär bürgerliche Vorstellungen einfügen, die ihre Basis zum Teil in ökonomischen Sachverhalten hatten. Ein darauf aufbauender Geschichtsunterricht konnte des Prinzips der Personalisierung einfach nicht entraten. Es gehörte vielmehr wie in den vergangenen Jahrzehnten, wie eigentlich seit dem Beginn des öffentlichen Geschichtsunterrichts zu den unentbehrlichen Elementen eines Geschichtsunterrichts, der recht offen auf ideologische Zielsetzungen festgelegt wurde und damit kaum einen Bruch in seiner eigenen Geschichte kannte.

2.5. Kritik der Personalisierung als Relikt aus der Geschichte des Geschichtsunterrichts

Die „heroische", im Geschichtsunterricht an die Jugend weitergegebene Geschichtsauffassung des Nationalsozialismus bildete lediglich den Höhepunkt eines vor allem seit dem 19. Jahrhundert existenten und gepflegten personalisierenden Geschichts- und Politikverständnisses, das auf einen an historischen Beispielen aus- und eingeübten Persönlichkeitskult hinauslief. Diesem Kult der Persönlichkeit lag ein Persönlichkeitsbegriff zugrunde, den Adorno als noch existent treffend beschrieben hat: „Das Kriterium von Persönlichkeit ist im allgemeinen Gewalt und Macht; Herrschaft über Menschen; sei es, daß sie sie vermöge ihrer Position besitzt, sei es, daß sie sie, etwa dank besonderer Machtgier, ihrem Verhalten und ihrer sogenannten Ausstrahlung nach verlangt. Im Stichwort Persönlichkeit ist stillschweigend starke Person mitgedacht. Aber Stärke als Fähigkeit, andere sich gefügig zu machen, ist gar nicht eins mit der Qualität eines Menschen. Indem sie als ein Ethisches unterschoben wird, beugen sich Sprachgebrauch und kollektives Bewußtsein der bürgerlichen Erfolgsreligion ... Die als Persönlichkeiten verherrlicht werden, müssen gar nicht bedeutend, reich in sich, differenziert, produktiv, besonders klug oder wahrhaft gütig sein. Solchen, die wirklich etwas sind, fehlt häufig die Beziehung zur Herrschaft über Menschen, die im Begriff der Persönlichkeit anklingt. Oft sind die starken Persönlichkeiten lediglich suggestionsfähig, Leute mit Ellenbogen, die sich aneignen, was sie nur können, brutal und manipulativ. Im Ideal der Persönlichkeit verhimmelte die Gesellschaft des 19. Jahrhunderts ihr eigenes falsches Prinzip: richtiger Mensch sei, wer es ihr gleichtut, in sich organisiert nach dem Gesetz, das die Gesellschaft im Innersten zusammenhält." (80)

Ein solcher Begriff von Persönlichkeit wurde Schülern unterschiedlichster Gesellschaftsschichten seit dem Beginn des öffentlichen Geschichtsunterrichts immer wieder vermittelt. Kein Wunder, daß er als festes Stereotyp in das gesellschaftliche Bewußtsein eingegangen ist, kein Wunder auch, daß er im Gesellschaftsbild der Lehrer fest verankert ist, die heute Geschichtsunterricht erteilen (81). Nicht einmal die Übersteigerung der Personalisierung im Geschichtsunterricht des Dritten Reiches hat zu einer wirklich kritischen Reflexion dieses gefährlichen Unterrichtsprinzips geführt. Dieses Relikt aus der Geschichte des Geschichtsunterrichts wirkt bis in unsere Zeit nach. Und doch ist es eben des Nachdenkens wert und merkwürdig, daß diese vordemokratischen, undemokratischen und direkt antidemokratischen ideologischen Traditionen noch immer in der geschichtsdidaktischen Standardliteratur und in den amtlichen Richtlinien - von Ausnahmen abgesehen, nur durch eine mehr sporadische Kritik in Frage gestellt - nachwirken und daß das Prinzip der Personalisierung im Geschichtsunterricht noch weithin als legitimes Prinzip erachtet wird (82). Denn wenn in der Geschichtsdidaktik und im praktischen Vollzug des Geschichtsunterrichts die Rolle der sogenannten „großen Persönlichkeiten" übergewichtig dargestellt wird, so handelt es sich dabei um eine im doppelten Sinne mehr als fragwürdige Einstellung: einmal, weil sie geschichtstheoretisch nicht auf der Höhe der Zeit ist und die Erkenntnisse neuer Zweige der Geschichtswissenschaft - so der Sozialgeschichte, der Wirtschaftsgeschichte, der Kulturgeschichte, kurz, der Strukturgeschichte - weitgehend außer acht läßt; problematisch zum anderen, weil sie die didaktischen Konsequenzen eines stark personalisierenden Geschichtsunterrichts - auch im Rückgriff auf die Erfahrungen aus der Geschichte des Geschichtsunterrichts - nicht durchdenkt, seinen Einfluß auf das politische Bewußtsein der Schüler entweder übersieht oder als gering veranschlagt.

Freilich: „Eine Formel, die ein für allemal die Beziehung zwischen Individuum, Gesellschaft und Natur bestimmte, gibt es nicht" (83). Aber es gibt einen Konsensus darüber, daß die historische Persönlichkeit, eingebunden in Strukturen, mehr Funktionsträger und Repräsentant als geschichtsgestaltende Persönlichkeit ist; und es gibt einen Konsensus darüber, daß die Namenlosen in ihrer Subjekt- und Objektrolle in der Geschichte eine stärkere Beachtung verdienen, weil sich Geschichte wesentlich auch an ihnen und durch sie vollzieht. Der Anteil der Namenlosen an jeweiliger Geschichte ist didaktisch besonders relevant. Eine demokratisch verfaßte Gesellschaftsordnung ist darauf angewiesen, daß alle ihre Mitglieder sich der wie gering auch immer zu veranschlagenden Möglichkeit bewußt sind, politische Entscheidungen zu beeinflussen und den jeweiligen status quo bewußt zu verändern. Ein Geschichtsunterricht, der sich vorwiegend an sogenannten „großen Persönlichkeiten“ orientiert und Politik als das große Aktionsfeld weniger großer Tatmenschen darstellt, verfehlt seine politische Bildungsaufgabe in zweifacher Hinsicht: Er eröffnet jungen Menschen weder den Blick auf die jedem einzelnen auf dem Weg über Organisierung und Organisationen gegebenen Möglichkeiten politischer Gestaltung oder Mitgestaltung noch zeigt er bedingende und einschränkende soziale, wirtschaftliche, politische und kulturelle Strukturen, innerhalb deren sich das Handeln Einzelner, von Gruppen oder Klassen vollzieht. Ein personalisierender Geschichtsunterricht fördert nur ein ohnehin verbreitetes Vorurteil, wenn er vergangene und gegenwärtige Politik fast permanent als Domäne weniger Auserwählter vorführt und erscheinen läßt. Personalisierung führt damit konsequent zu einer apolitischen, zu einer fatalistischen oder fanatischen und damit zugleich zu einer verantwortungs-losen Einstellung. Eine Erkenntnis läßt sich aus der Geschichte des personalisierenden Geschichtsunterrichts ziehen: Wer „denen da oben“ aus unverschuldeter Borniertheit oder aus sekundär vermittelter Resignation, als Folgen auch eines falsch konzipierten Geschichtsunterrichts oder eines absichtlich so angelegten Geschichtsunterrichts Politik als ihre Domäne überläßt und sie als spezialisierte und berufene Sachwalter relativ unkontrolliert wirken läßt, der wird zugleich mit der Negation der eigenen Einflußmöglichkeiten jede Mit-Verantwortlichkeit für das politische Geschehen leugnen und in den „großen Männern“ ein Alibi für seine eigene politische Fehlhaltung suchen und finden. Objektiv aber ist und bleibt er verantwortlich oder zumindest mitverantwortlich, denn seine Passivität und sein Verzicht auf permanente Aktion eröffnen anderen erst Möglichkeiten der politischen Einwirkung und die um so leichtere Realisierung ihrer Vorstellungen. Der politisch Inaktive ist ein gewichtiger Faktor bei der sich je und je vollziehenden Veränderung.

Die ideologischen Implikationen des Prinzips der Personalisierung in der Geschichte des Geschichtsunterrichts und die absehbaren Konsequenzen eines personalisierenden Geschichtsunterrichts in der Gegenwart fordern zwingend eine Revidierung des gegenwärtigen Geschichtsunterrichts. Eine solche Revision wäre - vielleicht - längst erfolgt, stünde ihr nicht ein scheinbar unüberwindbares oder vielfach noch für unüberwindbar gehaltenes Hindernis entgegen: Die bisherige Psychologie des Geschichtsunterrichts hat das Prinzip der Personalisierung als ein notwendiges, dem Entwicklungsstand und dem Verständnis der Schüler auf bestimmten Entwicklungsstufen angemessenes Prinzip des Geschichtsunterrichts betont (84).

2.6. Personalisierung – ein Relikt der älteren Entwicklungspsychologie?

Die geschichtsdidaktische Standardliteratur und die Richtlinien vieler Bundesländer heben - unter Berufung auf die Psychologie des Geschichtsunterrichts und auf angeblich empirische Untersuchungen - die Notwendigkeit des Aspekts der Personalisierung im Geschichtsunterricht immer wieder hervor (85). So hieß es noch bis vor kurzem in den Richtlinien Baden-Württembergs: „Im Geschichtsunterricht lernen die Schüler die geschichtlichen Ereignisse und Persönlichkeiten kennen, die für die politische und kulturelle Entwicklung des deutschen Volkes, des Abendlandes, und der Menschheit von besonderer Bedeutung sind. . . . Im fünften und sechsten Schuljahr muß sich der Geschichtsunterricht mit Rücksicht auf die Erlebnisweise der Kinder auf die lebendige Erzählung gründen. Dabei sollte, soweit wie möglich, die Geschichte dem Schüler in großen Persönlichkeiten und in spannenden Handlungen wirksam vor Augen treten“ (86) - Geschichte als die Geschichte des

Benjaminischen Triumphzuges. Und in den aus den Jahren 1966, 1968 und 1969 stammenden Richtlinien von Bayern, Rheinland-Pfalz und Saarland wird der historischen Persönlichkeit und ihrer Darstellung im Geschichtsunterricht eine Bedeutung zugemessen, die psychologisch scheinbar legitimiert, aber weder von der Historie her gerechtfertigt noch didaktisch vertretbar ist (87). Die so dringend notwendige Revision des bisherigen personalisierenden Geschichtsunterrichts ist ohne eine genaue kritische Analyse seiner entwicklungspsychologischen Legitimation nicht möglich.

Die Psychologie des Geschichtsunterrichts begründet die von ihr betonte Notwendigkeit der biographischen Orientierung des Geschichtsunterrichts mit der Notwendigkeit der sogenannten Phasengerechtheit: Ein Geschichtsunterricht, der sein Ziel nicht verfehlen wolle, müsse die vorgegebenen Entwicklungsphasen der Schüler beachten und berücksichtigen. Entsprechend wurden die Auswahl und die didaktische Analyse des Geschichts„stoffes" als abhängig von den Befunden der Entwicklungspsychologie verstanden, als könne die Psychologie des Geschichtsunterrichts Aussagen darüber machen, was der Geschichtsunterricht im Blick auf die jeweilige Gegenwart und absehbare Zukunft sowie im Blick auf die objektiven Bedürfnisse und Interessen seiner Adressaten vermitteln solle. Die Psychologisierung der Geschichtsdidaktik schlägt sich in aller Deutlichkeit in der folgenden Passage nieder: „Soll der Geschichtsunterricht erfolgreich sein, dann muß der Lehrer den Geschichtsstoff einer didaktischen Analyse unterziehen, d.h. den Bildungsinhalt herauskristallisieren im Hinblick auf den Reifegrad der Schüler. Nur dort kann man nämlich von einem bildungsträchtigen Unterricht sprechen, wo die einzelnen Entwicklungsphasen berücksichtigt werden" (88).

Die geschichtsdidaktische Standardliteratur stützt sich weitgehend trotz gravierender Mängel auf die Untersuchung von Heinrich Roth über „Kind und Geschichte", die mittlerweile in der fünften Auflage vorliegt, während die weitaus differenziertere Untersuchung von Waltraud Küppers über die „Psychologie des Geschichtsunterrichts" in der fachdidaktischen Literatur zumeist lediglich zur Stützung der Befunde und Thesen Roths herangezogen wird.

Vor allem Roth gliedert dabei das Kindesalter in bestimmte Entwicklungsphasen, für die er bestimmte charakteristische Merkmale hinsichtlich der Entwicklung des Zeitbewußtseins, des geschichtlichen Verständnisses und des geschichtlichen Interesses aufführt: für Schüler des ersten bis zweiten Schuljahres ist das charakteristische Kennzeichen ein ganzheitliches, unstrukturiertes Gegenwartsleben des Kindes, ein naives und unreflektiertes Leben in der Gegenwart, während die Vergangenheit kein oder kaum Interesse findet. Die Entwicklungsphase, in der sich Schüler des dritten bis vierten Schuljahres befinden, wird als die Phase der Realwendung des Kindes bezeichnet, in der auch ein erstes Zeitwissen erfolgt und in der ein Interesse am Alten auftritt. Märchen und Geschichte werden in dieser Phase der Realwendung bereits getrennt, doch bevorzugt das Kind nach Roth nach wie vor das Mythische und Märchenhafte. Die Schüler des fünften und sechsten Schuljahres befinden sich Roth zufolge in einer Phase der Ausgewogenheit, der harmonischen Vollendung und des Kräfteüberschusses. Das geschichtliche Interesse der Schüler konzentriere sich in dieser Entwicklungsphase auf große Ereignisse und große Persönlichkeiten, auf große Handelnde, wobei positive Bewunderung vorherrschend sei, während kritische Werturteile selten auftauchten: „Der Reifende wird zum kritischen Beispielsucher in der Geschichte: er sucht Beispiele der Treue, des Verrats, der Leistung, des Schaffens, die ihm einen Maßstab geben sollen für das eigene Leben. Geschichte wird zur Lebenskunde, zur Beispielsammlung für die Gegenwart, zur Orientierung für den Lebensweg“ (89). Das Interesse an Biographien großer Männer rühre daher, daß deren Taten auf dieser Altersstufe als Beispiele für Lebensmeisterungen durchforscht würden (90).

Waltraud Küppers kam in ihrer Untersuchung, die breiter und gründlicher - und vor allem kontrollierbarer! - angelegt war als die Untersuchung Roths, hinsichtlich des geschichtlichen Interesses der Schüler zu ähnlichen Ergebnissen wie Roth, der sich noch auf manche empirisch nicht abgesicherten Aussagen Petzelts und auf die Untersuchung Sonntags aus dem Jahre 1932 stützte. Nach Küppers gelte das

Hauptinteresse bis zum 10. Schuljahr einschließlich der geschichtlichen Persönlichkeit: berühmten Helden, mutigen Männern, den Taten großer Männer, Eroberern, Herrschern, Fürsten, Königen, Kaisern, Generalen und Erfindern, auch Wohltätern der Menschheit und großen Frauengestalten. Im sechsten Schuljahr äußerten sich 42,6% der Schüler in dieser Richtung, im achten Schuljahr 33,9% und im zehnten Schuljahr noch 22,1%. Wenn sich damit das geschichtliche Interesse der Probanden zwischen dem sechsten und dem zehnten Schuljahr auch verlagert habe und stärker streue, so bildeten die 22,1% im zehnten Schuljahr die noch immer größte geschlossene Gruppe (91).

Zugleich zeigte die Aufschlüsselung der Interessen nach Geschlechtern, daß die Schülerinnen zu einem erheblich höheren Prozentsatz der Personalisierung der Geschichte zuneigten. In keinem der von Küppers untersuchten Schuljahre ergab sich bei den Jungen eine absolute, ja nicht einmal eine relative Mehrheit der Probanden, deren Interesse primär auf große Persönlichkeiten ausgerichtet war. Relative Mehrheiten in den einzelnen Schuljahren ergaben sich lediglich durch den hohen Anteil bei den Schülerinnen. Die geschlechterspezifischen Unterschiede - ihren Verursachungen innerhalb des Sozialisationsprozesses von Jungen und Mädchen soll hier, so interessant das auch für die vorliegende Untersuchung wäre, nicht gesondert nachgegangen werden - lassen bereits eine erhebliche Einschränkung der vor allem von Roth vertretenen und in seinem Gefolge von vielen Geschichtsdidaktikern kritiklos übernommenen Behauptung angebracht erscheinen, das geschichtliche Interesse konzentriere sich bei Schülern bestimmter Altersstufen eindeutig auf große Persönlichkeiten. Im übrigen aber glaubt auch Küppers, daß die wichtigste Ursache dieses Schwerpunktinteresses in einer beim Schüler ausgeprägten Sehnsucht nach Vorbild und Leitbild, nach Größe und Maßstabgewinnung für das eigene Leben zu suchen sei (92).

Küppers hat aus ihrer Untersuchung der Schwerpunktinteressen der Schüler eine Folgerung gezogen, deren Relevanz für die Methodik und Didaktik des Geschichtsunterrichts genau analysiert werden muß: Sie hat sogenannte

„affine“ und „diffuge“ Stoffe des Geschichtsunterrichts unterschieden. Affin sind demnach Stoffe, die vom Schüler spontan bevorzugt werden, an denen sich das Interesse der Schüler entzündet und an denen ihr Verständnis für Geschichte wächst; diffug sind dagegen alle Stoffe, zu denen Schüler wegen ihrer einmal gegebenen Schwerpunktinteressen nur schwer Zugang finden (93).

Aufgrund ihrer Untersuchung zählte Küppers folgende Stoffe zu den affinen Stoffen:
1. Die historische Persönlichkeit als Vorbild und Leitbild des heranwachsenden Kindes;
2. die Aktion, die geschichtliche Handlung und das Ereignis entsprechend dem kindlichen Drang zum Handeln und dem Impuls zur Lebenserweiterung;
3. das konkrete gegenständliche Detail und seine Veränderung;
4. mythisch-magische, auch religiöse Vorgänge und Erlebnisse sowie einfache sittliche Entscheidungen entsprechend der Haftung des Kindes in mythisch-magischen Seinsformen (94).

Zu den diffugen Stoffen rechnete Küppers die überindividuellen Ordnungen, soziale Bindungen, Gesellschafts- und Regierungsformen sowie Institutionen und staatliche und politische Zusammenhänge (95).

Sowohl Roth als auch Küppers konstatierten also einen „Wunsch des Schülers nach Begegnung mit der geschichtlichen Persönlichkeit“ (96), und vor allem Roth hat aus seinen Befunden Schlußfolgerungen für den praktischen Vollzug des Geschichtsunterrichts abgeleitet und eine Lösung für das Problem der affinen und diffugen Stoffe gesucht: „Die eigentliche Schwierigkeit des Geschichtsunterrichts ist die Elementarisierung der überindividuellen Gebilde der Geschichte, z.B. von Sachverhalten wie: Staat, Volk, Kunst, Kirche, Politik, Arbeiterbewegung, Liberalismus, Jahrhundert, Zeitgeist, Wissenschaft, Lebensstil, Recht, System, Verfassung, Tradition usw. Wie sollen solche kollektiven Größen, die eigentlichen Erscheinungsformen des 'objektiven Geistes', dem Kind übersetzt werden? Und verfälschen diese Übersetzungen nicht den Tatbestand? Zugegeben, daß wir hier vor den eigentlichen Schwierigkeiten der Vergegenwärtigung und der Übersetzung ins Konkrete stehen; wir dürfen aber nicht übersehen, daß diese Schwierigkeiten auch für den Erwachsenen bestehen und nicht durch eine einmalige Erleuchtung, sondern nur durch einen lang andauernden Prozeß des allmählichen und immer wiederholten Eindringens zu bewältigen sind. Wichtiger noch als diese Tatsache ist jedoch die andere, daß auch eine Elementarisierung dieser überindividuellen Größen möglich ist, weil sie sich w e s e n s g e m ä ß individualisieren und personifizieren lassen . . . Es verfälscht nicht, sondern elementarisiert nur, wenn wir statt 'Drittes Reich' 'Hitler-Reich' sagen ..." (97).

Mit anderen Worten: Roth fordert, diffuge Stoffe im Geschichtsunterricht dadurch zu affinen Stoffen umzuwandeln, daß sie personalisiert werden (denn er versteht unter dem bei ihm verwendeten Terminus „personifizieren" offensichtlich vorwiegend, daß geschichtliche Sachverhalte an Persönlichkeiten dargestellt werden). Diese Forderung ist in die geschichtsdidaktische Literatur eingegangen; so etwa bei Döhn: „Der Raum, den die Geschichtswissenschaft den großen Individuen zuweist, wird im Geschichtsunterricht auf Grund jugendpsychologischer Gegebenheiten noch stark ausgeweitet. Die Erfahrung lehrt, und psychologische Untersuchungen haben es bestätigt, daß sich das Interesse des Kindes in weit stärkerem Maße dem Persönlichen, dem Biographischen und der Einzeltat zuwendet als den Handlungen und Bewegungen der Massen. Das Kind im Entwicklungsalter, das für die Schilderung des Zuständlichen und für die Erörterung sachlicher Zusammenhänge noch wenig übrig hat, ist auf die Persönlichkeit angewiesen, um Zugang zum Geschichtlichen zu gewinnen" (98). Damit wird, vor allem im propädeutischen Geschichtsunterricht, die historische Persönlichkeit zum Integrationsmedium der Geschichtsdarstellung: Geschichte wird in Biographien aufgelöst.

In ähnlicher Weise wird in der geschichtsdidaktischen Literatur die Behauptung der Psychologen aufgegriffen, das Interesse der Schüler für große Persönlichkeiten sei durch ihre Sehnsucht nach Vorbild und Leitbild verursacht.

Die Folgerungen, die manche Geschichtsdidaktiker aus dieser These ziehen, laufen schlechterdings auf einen Gesinnungsunterricht hinaus, so etwa, wenn Schmidt mit folgenden Worten den personalen Ansatz im Geschichtsunterricht befürwortet: „Die personale Dimension öffnet sich, der Umweltkreis wird sichtbar, Mensch um Mensch zieht vorüber, und am Ende stellt sich ein, was uns als Letztes bleibt: Mitgefühl, Mitwissen, Miterleben. Das aber besagt nichts anderes, als daß wir teilnehmen am Schicksal eines der Großen, daß wir den Rhythmus seines Lebensganges auch in uns spüren, daß wir Höhen und Tiefen an seiner Hand durchschreiten und etwas von seinen Einsichten und Erfahrungen auch auf uns übergeht als 'Erbe und Verpflichtung'" (99). Dem hat schon Waltraud Küppers mit ihrer rhetorisch gemeinten Frage an das Fach Geschichte Vorschub geleistet, „ob es nicht doch ein Gesinnungsfach ist und bleiben muß" (100).

2.7. Kritik der Personalisierung als Relikt der älteren Entwicklungspsychologie

Die Schlußfolgerungen - Personalisierung als notwendiges methodisches Prinzip und Personalisierung als didaktisches Prinzip - sind von der einschlägigen psychologischen Literatur nahegelegt, zum Teil selber gezogen worden. Aber: Befunde wie Schlußfolgerungen dieser Literatur können und müssen heute als veraltet und überholt gelten. Sie sind Zeugnisse einer in dieser Form nicht mehr akzeptierten Entwicklungspsychologie. Die Phasen- und Stufentheorie dieser Entwicklungspsychologie gilt heute als eine „grandiose Generalisation aus empirisch erhobenem Material" (101), die von falschen Prämissen ausgegangen und darum zu falschen Schlüssen gekommen ist. Die ältere Entwicklungspsychologie, der die so einflußreichen Werke von Roth und Küppers durchaus zuzurechnen sind, verstand sich lange Zeit gewissermaßen als Lehre von immanent gesteuerten Prozessen, als „biologische Präformationslehre" (102), die fast ausschließlich pränatale Faktoren für die Entwicklung von Kindern und Jugendlichen als ausschlaggebend erachtete (103). Entwicklung wurde wortwörtlich begriffen: als Ent-Wicklung, als Ent-Faltung, Auseinanderfaltung von Anlagen, die in jungen Menschen keimhaft angelegt waren und in bestimmten Entwicklungsphasen schubweise sich entwickelten. Die ältere Entwicklungspsychologie entwarf ein entsprechendes Kategorisierungsmuster, mit bestimmten naturgegebenen Phasen, die jeder Schüler durchlief und für die unter anderem bestimmte historische Interessen - so auch das Interesse am historischen „Helden" - charakteristisch waren (104). Auf diese Weise war es möglich, zu behaupten, daß sich „d a s (!) Interesse d e s (!) Kindes" der historischen Persönlichkeit zuwende und daß „d a s (!) Kind im Entwicklungsalter . . . für die Schilderung des Zuständlichen und für die Erörterung sachlicher Zusammenhänge noch wenig übrig" habe (105). Die Befunde vereinzelter Untersuchungen wurden als absolut und allgemein gültige Erkenntnisse über angeblich natürlich ablaufende und immanent gesteuerte Entwicklungsprozesse dargestellt und akzeptiert.

Demgegenüber haben die moderne, revidierte Entwicklungspsychologie und die neuere Sozialisationsforschung festgestellt, daß postnatale soziokulturelle Faktoren die Entwicklung des Individuums wesentlich stärker beeinflussen als pränatale Faktoren. Die soziokulturellen Determinanten, die Einflüsse des gesellschaftlich-kulturellen Umfeldes sind von entscheidender Bedeutung nicht nur für die Entwicklung der Intelligenz, sondern auch für die Interessen der Schüler; Intelligenz und Begabung sind ebensowenig wie die Interessen naturgegebene Anlagen, die sich quasi selbsttätig innerhalb einmal vorgegebener Grenzen entfalten, sondern beeinflußbare, veränderbare Größen (106).

Aus diesen Erkenntnissen, ohne die die gesamte neuere erziehungswissenschaftliche Diskussion vor allem über die Vor- und Grundschulerziehung undenkbar wäre, sind endlich auch für die Theorie und die Praxis des Geschichtsunterrichts Schlußfolgerungen zu ziehen:

1. Die Aussagen über geschichtliche Interessen von

Schülern, wie sie bei Roth und Küppers und anderen vorliegen, sind Ergebnisse von Bestandsaufnahmen und Zustandsbeschreibungen historischer Interessen von Schülern, die den Einfluß soziokultureller Determinaten widerspiegeln: den Einfluß eines seit Jahrzehnten personalisierenden Geschichtsunterrichts und den Einfluß eines gesellschaftlichen Denkens, das seinerseits Resultat auch eines personalisierenden Geschichtsunterrichts ist und zugleich die Personalisierung aller Verhältnisse begünstigt, um der diffizilen Erklärung komplizierter Strukturen und dialektischer Verhältnisse auszuweichen. Wenn es, um das Beispiel Roths aufzugreifen, sicherlich nicht legitim ist, den Terminus „Drittes Reich" zu ersetzen, so ist es doch sicherlich leichter und verlockender, Geschichte solchermaßen personal und monopersonal zu betrachten als nach Strukturmomenten und Funktionszusammenhängen zu fragen, die einen Hitler und die Folgen ermöglichten.

2. Wenn die Aussagen über die geschichtlichen Interessen lediglich Bestandsaufnahmen und Zustandsbeschreibungen sind, so ist es falsch und gefährlich, diese Ergebnisse in der bisherigen Form zum Ausgangspunkt eines modernen Geschichtsunterrichts zu machen und die Personalisierung als ein notwendiges methodisches Prinzip, das didaktische Konsequenzen impliziert, zu empfehlen. Es geht bei der didaktischen Zielsetzung in unserem Zusammenhang nicht um die subjektiven Interessen von Schülern, sondern um die individuell wie gesellschaftlich notwendigen Informationen. Der personalisierende Geschichtsunterricht, der sich auf die ältere Entwicklungspsychologie und die von ihr - rein positivistisch - festgestellten Interessen von Schülern beruft, reproduziert durch seine Anlage ein Interesse an der historischen Persönlichkeit und perpetuiert es. Diffuge Stoffe sind allenfalls temporär - in einer bestimmten sozioökonomischen und -kulturellen Situation - als diffug anzusehen, und ähnliches gilt für affine Stoffe. Im Geschichtsunterricht temporär diffuge Stoffe durch das Mittel der Personalisierung affin machen zu wollen, führt lediglich zu den von der modernen Entwicklungspsychologie festgestellten Phänomenen der „Verfestigung" und „Kanalisie-

rung“ (107): Schüler, denen Geschichte immer wieder als Aktionsfeld großer Persönlichkeiten vermittelt wird, werden Geschichte auch nur mehr als Resultat des Wirkens übermächtiger Subjekte begreifen (Verfestigung) und alle Informationen auch widerstrebender Art in dieses verfestigte Geschichtsbild „kanalisieren“, d.h. Informationen nur noch fragmentarisch und selektiv aufnehmen. Eine spätere Differenzierung des einmal erworbenen und bewußt geförderten personalisierenden Geschichtsverständnisses erscheint nach den gegenwärtigen Erkenntnissen der Psychologie nur schwer möglich: „Für den Erzieher ist der Aspekt der Verfestigung und Kanalisierung insofern wichtig, als die im Entwicklungsverlauf eingeschlagene Richtung selten wieder geändert werden kann. Die Weichen werden sehr früh gestellt und alles, was später an Einflüssen auf das Kind einwirkt, hat nur Erfolg innerhalb des bereits gesteckten Rahmens. Es fördert, aber es fördert die bereits eingeschlagene Richtung. Daraus erhellt die Verantwortung der Erziehung bei der menschlichen Entwicklung. Wenn man das Individuum in bestimmte Bahnen lenkt, so verschließt man ihm damit zwangsläufig andere Wege. Dem heranwachsenden jungen Menschen sollte deshalb eine Entwicklung ermöglicht werden, die eine allzu frühe Verfestigung vermeidet“ (108).

Vor allem die Sozialisationsforschung, deren Absicht es ist, „zu zeigen und zu erklären, auf welche Weise ein Kind zum Mitglied eines sozialen Systems wird - d.h. sich die Informationen, Techniken und Werte eines Systems zu eigen macht“ (109), hat zudem Erkenntnisse gebracht, die eine kritische Überprüfung bisheriger theoretischer Positionen und praktischen Vollzugs des Geschichtsunterrichts als unabdingbar notwendig erscheinen lassen. Die Adressaten des Geschichtsunterrichts sind in vielfältigster Weise schichtenspezifisch vorgeprägte Individuen: als Kinder verschiedener Schichten sind sie durch verschiedene Instanzen ihrer Umwelt und in erster Linie durch die „primäre Sozialisationsagentur Familie“ vorgeprägt; sie untercheiden sich schichtenspezifisch in Sprachverhalten, Welterfassung, Verhalten und Einstellungen voneinander. Erwiesenermaßen erwirbt das Kind „die für seine soziale Umwelt funktionsfähigen Motive, Wertungen, Vorstellungen und Verhaltensmuster in Lern- und Identifikationsprozessen, die durch die Familie, die ‚Sozialisationsagentur' strukturiert sind" (110).

Die Sozialisationsforschung und die noch in den Anfängen stehende Forschung zur politischen Sozialisation (111) legen die Vermutung nahe, daß der bisherige Geschichtsunterricht vor allem Kinder aus sozial, ökonomisch und kulturell unterpriviligierten Schichten benachteiligt hat (112). Denn es scheint erwiesen, daß gerade die Kinder aus Unterschichten einer Wertorientierung zuneigen, die eher fatalistisch als aktivistisch ist. Gerade sie neigen einem dichotomischen Gesellschaftsbild von Hause aus zu, das durch einen personalisierenden Geschichtsunterricht nur gefördert wird (113). Gerade sie werden von Verfestigung und fragmentarischer kanalisierender Informationsaufnahme betroffen, da die Struktur der Sprache und die Wertorientierung dieser Unterschichten der Aufnahme und Verwendung des einfachen und scheinbar plausiblen personalisierenden Deutungsmodells historischer und politischer Sachverhalte noch in ganz besonderem Maße entgegenkommen (114). Wenn es dem Geschichtsunterricht ernst ist mit seiner Aufgabe, als Fach oder innerhalb der Politischen Bildung gerade auch diesen Schülern im Rahmen der ihm gegebenen Möglichkeiten die Fähigkeiten zu vermitteln, an Demokratie zu partizipieren und Demokratie unter Berücksichtigung ihrer Interessen und Bedürfnisse auszugestalten, dann kann er nicht länger an den Erkenntnissen der Forschungen zur Sozialisation und vor allem zur politischen Sozialisation vorbeigehen. Er verfehlt seine Aufgabe, wenn er diese Präformationen ausser acht läßt, wenn er so konzipiert ist, daß er gerade solche vorgeprägten Einstellungen und Verhaltensmuster verfestigt, die - unter anderem - eine Emanzipation von Unterschichtenkindern verhindern. Er verfehlt seine Aufgabe, wenn er nicht die Erkenntnis der Möglichkeit einer solchen Emanzipation vermittelt.

Die Hinweise der modernen Entwicklungspsychologie über die Gefahren der Verfestigung und Kanalisierung, verknüpft mit den Erkenntnissen der Sozialisationsforschung über schichtenspezifische Präformationen, lassen es als dringend geboten erscheinen, nicht nur den Geschichtsunterricht überhaupt, sondern gerade auch die Hinführung zur Geschichte im Unterricht der Grundschule (115) und im sogenannten „Vorkurs“ oder „propädeutischen Geschichtsunterricht“ (116) kritisch zu analysieren, weil gerade hier die Weichen gestellt werden, die die Schüler in bestimmte Denk- und Verhaltensrichtungen führen oder die Schüler in bestimmten Wertorientierungen und Verhaltensmustern bestärken. Die bisherige Psychologisierung des Geschichtsunterrichts paßte den Geschichtsunterricht und seine Vorstufen inhaltlich den Befunden über die Interessen und Einstellungen „des“ Schülers an. Seiner angeblich phasenabhängigen und phasenbedingten Vorliebe für große Persönlichkeiten und ihre dramatischen Aktionen sowie seiner angeblich ebenso bedingten Sehnsucht nach Vorbild und Leitbild wurde weithin durch einen angeblich methodisch als auch didaktisch begründeten Dreischritt entsprochen, indem seine „magisch-mythische Phase“ (117) durch Darstellung von Märchenhelden und anschließend von Sagenhelden, die folgende Phase der„Realwendung“ durch Darstellung des Lebens großer historischer Persönlichkeiten befriedigt wurde - entsprechend etwa den Angaben von Waltraud Küppers: „Gestalten des religiösen Raumes, des Märchens und der Sage haben das Kind in der Grundschulzeit beschäftigt, und nun, in der Volksschuloberstufe, konkretisiert sich die Sehnsucht nach Vorbild und Leitbild im historischen Raum“ (118). Der Dreischritt erfolgt über die Gestalten des Märchenhelden, des Sagenhelden hin zum geschichtlichen Helden.

Roth betont, die Märchenformel „Es war einmal“ schaffe „die erste Scheidung zwischen Vergangenheit und Gegenwart, gewissermaßen ein erstes geschichtliches Bewußtsein der Trennung der erlebten Welt in eine solche, die ist und in der man lebt, und in eine solche, die war und in die man sich hineinversetzt“ (119). Die Schüler der Grundschule hörten, im Märchen „eine Menge ‚Historisches‘ von Riesen und Zwergen, anderen Sitten und Gebräuchen, fernen Ländern, fremdartigen Tieren, wunderbaren Ereignissen, Drachen, Wölfen, Königen, Königinnen usw. . . Die ‚Mär‘

ist die erste Kunde von allerdings noch sehr eingekleideten und nebelhaften ‚historischen Ereignissen' " (120). Der im Zentrum des Märchens stehende „Held" ist dabei jeweils Vertreter des sich – auf oft wunderbare Weise – durchsetzenden Guten, frei von Zwängen, autonom handelnd oder durch einen deus ex machina unterstützt. – Demgegenüber bleibt der utopische Charakter des Märchens, seine Projizierung eines Tagtraumes einer besseren Welt (121), den Schülern der Grundschule verborgen oder unvermittelt. -

Mit der „realistischen Wendung" zwischen dem 8. und 10. Lebensjahr taucht nach den Aussagen der älteren Entwicklungspsychologie bei den Schülern die Frage nach der Wahrheit der Märchen auf und damit bereits ansatzweise die Frage nach der historischen Wahrheit. Signifikant für diese Phase sei das Zurücktreten des Interesses an Märchen und das Hervortreten eines Interesses an Sagen, die einen realistischen Kern und historisch nachweisbare Komponenten enthalten. Fiege etwa betrachtet daher - ebenso wie Roth - die Sage als ein geeignetes Medium der Hinführung zur Geschichte, in erster Linie die Heldensage (122). Er betont, daß in der Heldensage „Gehalte ruhen, die für das Verständnis der Geschichte bedeutsam sind" (123). Er führt an, daß bereits in der Sage Völker in den Blick kommen, so daß die Sage schon dadurch auf die Geschichte hinführe: Indem die Heldensage die „Schicksale" von Völkern als „Schicksale" von Familien begreife und darstelle, vereinfache sie gewissermaßen die Geschichte und mache sie dem Hörer leichter verständlich. Sie übertrage die Geschichte in vertrautere Denkformen, denn Ereignisse innerhalb der Familie lägen auch dem Verständnis der Kinder näher als Ereignisse innerhalb der Völker oder gar internationale Ereignisse. Hinter dieser Auffassung Fieges und anderer steht letztlich die unhaltbare Überzeugung einer Analogie zwischen Phylogenese und Ontogenese, die Überzeugung, daß sich die Entwicklung des Geschichtsverständnisses eines ganzen Volkes oder der Menschheit in der Entwicklung des Kindes widerspiegele und wiederhole (124).

Ein weiteres Moment der Heldensage - so betont Fiege - sei bedeutsam für die Hinführung der Schüler zur Geschichte: die Hauptperson der Sage, der Sagenheld; im Sagenhelden begegne den Schülern bereits das, was ihnen später im eigentlichen Geschichtsunterricht bei den „Trägern" der Geschichte begegnen werde. Denn der Sagenheld sei genau wie die geschichtliche Persönlichkeit ein Mensch, der in bestimmten Situationen vor Entscheidungen stehe, Entschlüsse fasse, handele und für seine Taten verantwortlich sei. Die Sagenhelden seien darum geeignete Inhalte einer Hinführung zur geschichtlichen Welt, so wie die großen historischen Persönlichkeiten, deren Darstellung in „Lebensbildern" so oft für den propädeutischen Geschichtsunterricht gefordert wird (125), geeignete Inhalte des propädeutischen Geschichtsunterrichts im fünften und sechsten Schuljahr seien (126).

In einem so konzipierten Dreischritt der Hinführung zur Geschichte - der freilich wohl selten bewußt in dieser hier etwas schematisierten Form erfolgt - begegnen den Schülern nacheinander drei verschiedene Typen von „Helden": der Märchenheld, der Sagenheld und schließlich der „Held" der Geschichte. Märchenheld und Sagenheld leben in einer Welt, in der sie fast völlig frei sind von bedingenden Umständen, keinem Äußeren unterworfen; sie leben in einer Scheinwelt und sie geben dem Schüler nur sehr unzureichend eine Erweiterung seines Weltbildes; sie verfestigen vielmehr magisch-mythische Vorstellungen. Mithin sind die Erkenntnisse, die Schüler an Märchen- und Sagenhelden über konkretes menschliches Handeln gewinnen, derart, daß eine Ungebundenheit menchlicher Entscheidungen und Handlungen, die nur einer inneren Instanz unterworfen sind, in das Bewußtsein der Schüler eingeht. Wenn auf dieser Basis dann ein Geschichtsunterricht einsetzt, der die Personalisierung aus verschiedenen Gründen zum Prinzip erhebt, so wird der Schüler konsequent Geschichte nur mehr als das Handlungsfeld autonomer Persönlichkeiten begreifen, die Geschichte „machen", während andere Menschen als bewußtlose, willenlose und einflußlose Objekte großer Persönlichkeiten erscheinen und bedingende und zwingende gesellschaftliche und ökonomische Strukturen als Widerstände im Vollzug menschlichen Handelns überhaupt ausfallen. Ein personalisierender Geschichtsunterricht, der von temporären und gesellschaftlich bedingten Schülerinteressen ausgeht und sich ihnen in der Auswahl der Bildungsinhalte anpaßt, führt in einen circulus vitiosus: er verfestigt und perpetuiert Interessen und Einstellungen von Schülern, die für eine demokratisch-politische Bildung als gefährlich gelten und eben diesen Schülern in ihrem späteren Leben zum Nachteil gereichen müssen. Die Hoffnung, an der historischen Persönlichkeit im Anschluß an Märchen- und Sagenhelden lediglich Interesse an der Geschichte zu wecken oder wachzuhalten und später das personalisierende Geschichtsbild korrigieren zu können, erweist sich dabei im Lichte der modernen Entwicklungspsychologie als irrig (127).

Halten wir nach diesem Exkurs in die Praxis des im weitesten Sinne verstandenen propädeutischen Geschichtsunterrichts fest: Die Personalisierung der Geschichte im Unterricht ist didaktisch gefährlich und sie ist entgegen den Postulaten der älteren Entwicklungspsychologie auch nicht als notwendig erweisbar. Es ist in der Tat „nicht einsichtig, warum Grundschüler bereits in die Mengenlehre und in die lateinische Grammatik eingeführt werden können, aber nicht in gesellschaftlich-historische Zusammenhänge. Gewiß haben wir es hier mit einem von resignierenden Lehrern gern geglaubten Vorurteil der Entwicklungspsychologie zu tun“ (128). Das zweifellos feststellbare Interesse an großen Persönlichkeiten der Geschichte, an „Helden“, an Herrschenden und Regierenden ist keine naturhaft vorgegebene Vorliebe „des“ Kindes in einer bestimmten und genau bestimmbaren Entwicklungsphase, ist „nichts naturhaft Präformiertes und einfach Hinzunehmendes, sondern vielmehr gesellschaftliches und pädagogisches Ergebnis“ (129) - mithin durch einen anders konzipierten Geschichtsunterricht bei folgenden Generationen zumindest ansatzweise korrigierbar. Die Personalisierung als zwar falsches, aber einfaches und plausibel erscheinendes Mittel der Erklärung historischer und politischer Sachverhalte läßt sich fraglos nicht einfach von heute auf morgen abbauen; der Geschichtsunterricht vermag aber in Zusammenarbeit mit anderen Fächern ein solches Geschichtsverständnis und politisches Bewußtsein wenigstens partiell in Frage zu stellen. Es gehört sicherlich zu seinen wichtigsten Aufgaben, dem personalisierenden Geschichts- und Politikverständnis konsequent entgegenzuarbeiten.

2.8. Kritische Analyse weiterer Aspekte der Personalisierung

Der personalisierende Geschichtsunterricht kann Relikt aus der Geschichte des Geschichtsunterrichts, unreflektiert mitgeschleppter Traditionsballast aus einer dynastisch, nationalistisch-bürgerlich oder faschistisch orientierten Zeit in einer vom Anspruch und Selbstverständnis her demokratischen Gesellschaft sein; er kann auch Ergebnis einer in dieser Form unzulässigen Psychologisierung des Geschichtsunterrichts sein, Relikt der älteren und nicht mehr zu akzeptierenden Entwicklungspsychologie. Es bleibt ein dritter Aspekt zu berücksichtigen, der - im Zusammenhang mit den Befunden der älteren Entwicklungspsychologie - für einen personalisierenden Geschichtsunterricht angeführt wird.

Schüler, so wird von einigen Geschichtsdidaktikern argumentiert, könnten sich vor allem im personalisierenden Geschichtsunterricht in das seelische Erleben der Persönlichkeiten einfühlen, sich mit ihnen identifizieren, mit ihnen siegen, kämpfen, feiern, dulden (130). Mit anderen Worten: Sie könnten gerade an den großen Persönlichkeiten der Geschichte „Verstehen" lernen und „Verstehen" einüben - jenes „Verstehen", das eine spezifische Erkenntnisweise gegenüber der geschichtlich-politischen Welt darstellt (131). Nun macht das „Verstehen" in der Tat ein Hauptmoment historischen Denkens aus, das - richtig verwandt - wesentlich auch historisch-politische Bildung befördern kann. Indem die Schüler sich - sicherlich auf einem anderen Niveau als der Historiker und sicherlich nicht ohne Berücksichtigung der wichtigeren Struktur- und Funktionszusammenhänge, innerhalb deren Menschen handeln - im Vollzug des „Verstehens“ in die Vorstellungswelt der in der Vergangenheit handelnden Menschen hineindenken und hineinversetzen, müssen sie sich zwingen, temporär aus ihrer Wertwelt herauszutreten und von ihren eigenen Werturteilen abzugehen, um der Motive der in der Geschichte unter bestimmten Umständen und bedingenden Strukturen handelnden Menschen habhaft zu werden. Dieses „Verstehen“- Lernen und -Einüben kann zur Selbsterweiterung dessen führen, der im Akt des „Verstehens“ fremde Wertvorstellungen kennenlernt, seine eigenen Wertvorstellungen an den fremden schärft oder korrigiert, erweitert oder kontrolliert.

„Verstehen“ aber - und das ist die Schwierigkeit dieser Erkenntnisweise - setzt ein hohes Maß an innerer Verwandtschaft zwischen dem erkennenden Subjekt - sei es der Historiker oder, auf einer niedrigeren Stufe, der Schüler im Geschichtsunterricht - und dem betrachteten Objekt, den in der Geschichte handelnden Menschen, voraus. Der Akt des „Verstehens“ gelingt um so eher, je größer der Erfahrungshorizont des Verstehenden ist und je mehr die in der Geschichte handelnden und zum Objekt der Erkenntnis werdenden Menschen einen sozialen Status haben, der dem der Schüler vergleichbar ist. Unter diesem doppelten Aspekt ist es schlechterdings vom Ansatz her falsch, die Forderung aufzustellen, die Schüler sollten sich in die großen Persönlichkeiten der Geschichte hineinversetzen, um die Motive und Erfahrungen ihres Handelns zu erschließen. Abgesehen von der Schwierigkeit, die für Schüler im Hauptschulalter besteht, sich etwa in Karl den Großen oder Napoleon oder Bismarck oder gar Hitler hineinzuversetzen und damit deren politische oder soziale Rolle temporär zu erleben, birgt die Realisierung dieses einseitigen Postulates die Gefahr der nicht mehr nur temporären Identifikation mit den Herrschenden, zumal bei der Erkenntnisweise des Verstehens ohnehin die Gefahr gegeben ist, daß nach dem Hineindenken in andere Personen das „Wiederhinausdenken“ schwerfällt (132).

Manche Geschichtsdidaktiker führen zugleich als positive Konsequenz der Personalisierung an, daß den Schülern auf dem Wege der Identifikation mit den großen Persönlichkeiten das historische Geschehen gleichsam zum privaten Geschehen werde und ihnen damit leichter verständlich sei (133). Indem die Schüler aber geschichtliches Handeln auf der Ebene der privaten und Familiensphäre nachvollziehen sollen, werden sie angehalten, politische Sachverhalte unter dem Gesichtspunkt ihres privaten Erfahrungsbereiches und komplizierte Zusammenhänge etwa sozioökonomischer Art ausschließlich mit Kriterien ihres privaten Lebens zu „erklären": mit Neid, Zuneigung, Liebe, Freundschaft, Eifersucht usw. - Geschichte als das Resultat der Launen der Mächtigen, der Zweite Weltkrieg als Folge eines den „Führer" plötzlich überkommenden Größenwahns (134)! Strukturzusammenhänge, verursachende und beeinflussende Faktoren und das nur dialektisch zu begreifende Geflecht von Motivation und Sachbedingtheit historisch-politischen Handelns (135) werden dabei überhaupt nicht berücksichtigt werden können.

Und schließlich wird gerne ein weiterer Aspekt angeführt, der für den personalisierenden Geschichtsunterricht spreche: Von den großen Persönlichkeiten gehe eine Vorbild- und Leitbildwirkung aus. Es handelt sich bei diesem Argument sowohl um ein Relikt aus der Geschichte des Geschichtsunterrichts als auch um ein scheinbar psychologisch legitimiertes Postulat - in jedem Fall aber um den Ausdruck einer Auffassung des Geschichtsunterrichts als eines Gesinnungsunterrichts, dessen Tendenz beliebig manipulierbar ist. Was sind „das Gute", „das Böse" oder „die Sünde", die in der geschichtsdidaktischen Standardliteratur immer wieder auftauchen (136), anderes als Wertsetzungen, die im Geschichtsunterricht fehl am Platz und fast beliebig interpretierbar sind? Geschichtsunterricht, so sehr er indirekt Gesinnung beim Schüler erzeugt, darf in der direkten Kommunikation zwischen Lehrer und Schüler nicht Gesinnungsunterricht sein – er würde allem und jedem verfügbar. Damit soll selbstverständlich nicht bestritten werden, daß der Geschichtsunterricht auch an Gesinnungsbildung beteiligt ist. Es ist aber ein gravierender Unterschied, ob der Unterricht darauf angelegt ist, beim Schüler b e s t i m m t e Gesinnungen zu erzielen oder ob sich der Schüler von sich aus in der schulischen und außerschulischen Sphäre in der je und je eigenen und vom Lehrer zu fördernden Auseinandersetzung mit historischen Sachverhalten eine je und je eigene Gesinnung bildet, die der des Lehrers oder der Gesellschaft möglicherweise diametral entgegensteht.

Mit dem Aspekt der Vorbild- und Leitbildwirkung hängt vor allem die für den „Vorkurs" so häufig empfohlene Darstellung des Lebens und Wirkens „großer Wohltäter der Menschheit" (137) eng zusammen. Wenn Geschichtsunterricht sich vorwiegend mit vergangenem politischem Handeln als möglichem sekundären Erfahrungsbereich für Schüler beschäftigen soll, so ist die gezielte Hereinnahme der großen Wohltäter der Menschheit in dem Moment abzulehnen, wo sie dazu dient, den politischen Gehalt zu entpolitisieren, wo diese Wohltäter als Gestalten eines Gesinnungsunterrichts isoliert als moralische Exempla vorgeführt werden, die abseits von der Politik - politisch' Lied . . . garstig' Lied - „wahre Humanitas" verwirklichen.

2.9. Zusammenfassung der Kritik am personalisierenden Geschichtsunterricht

Die bisherigen Ausführungen enthalten harte, prinzipiell aber berechtigte Verdikte gegen einen großen Teil der geschichtsdidaktischen Standardliteratur der Bundesrepublik. Die Auswertung von Schülerbefragungen, die Friedeburg und Hübner bereits 1964 veröffentlicht haben, bestätigt die Kritik am personalisierenden Geschichtsunterricht (138). Sie enthält die bisher schärfste Kritik an der Praxis eines Geschichtsunterrichts, der bei den Schülern ein Geschichtsbild und damit ein politisches Bewußtsein anlegt oder verstärkt, in dem sich Geschichte und Politik auf das Handeln „großer Männer" reduzieren. Im Geschichtsbild der Jugend entdeckten Friedeburg und Hübner die unausbleiblichen Konsequenzen eines personalisierenden, die objektiven gesellschaftlichen Strukturmomente und Funktionszusammenhänge vernachlässigenden Geschichtsunterrichts vor allem im Vorherrschen der Vorstellung von „übermächtigen Subjekten“ (139): Historische Sachverhalte werden auf die Handlungen großer Männer zurückgeführt; die den großen Männern zugeschriebenen Eigenschaften und Absichten gelten als Ursachen der Geschichte. Motivation, Handeln und historisches Ereignis gelten als geschlossene Kette und fallen zusammen. Komplizierte Vorgänge werden ursächlich allein aus der Motivation und der Persönlichkeitsstruktur einzelnen Persönlichkeiten abgeleitet. Objektive gesellschaftliche Strukturzusammenhänge werden nicht gesehen, werden vielmehr ins Biographische aufgelöst, auf die moralische Ebene verschoben und in rein menschliche Gewissensentscheidungen verwandelt (140).

Friedeburg und Hübner haben dadurch Ansätze für eine systematische Erfassung der Konsequenzen eines personalisierenden Geschichtsunterrichts geliefert. Ein solcher Geschichtsunterricht birgt, indem er Geschichte als das Entscheidungs- und Handlungsfeld übermächtiger Subjekte darstellt und gesellschaftliche und ökonomische Prozesse biographisch auflöst, folgende Gefahren:

1. Er vermittelt Politik als Domäne von berufenen Spezialisten, als Geschäft dazu berufener Profis, kann zu einer Identifikation mit den Herrschenden führen und eine unreflektierte Untertanengesinnung begünstigen und dauernd reproduzieren.

2. Er wirkt einer Resignations- und fatalistischen Haltung in politicis nicht entgegen, fördert sie eher und ermöglicht Leugnung und Verdrängung eigener Mit-Verantwortlichkeit.

3. Er lehrt Geschichte und Politik sehen als Feld eines politischen Darwinismus, auf dem nur das Bedeutung hat, was sich durchsetzt und Erfolg hat.

4. Er verhindert den Blick auf gesellschaftliche Funktionszusammenhänge und auf den Selbstlauf vieler gesellschaftlicher und wirtschaftlicher Prozesse und damit auf wichtige systemimmanente Strukturmomente, die historisch-politisches Handeln fremdbestimmen können.

5. Er fördert und verstärkt ein undifferenziertes Denken, das sich in pauschalen Schwarz-Weiß-Kontrastierungen,

in der stereotypen Reproduzierung einfachster sozialer Ordnungsschemata erschöpft (141).

6. Er löst historische und politische, gesellschaftliche und wirtschaftliche Prozesse durch Kategorien des privaten Lebens auf und verfehlt damit Historisch-Politisches (142).

7. Er entpolitisiert - soweit er „große Wohltäter" isoliert ins Zentrum stellt - Geschichte.

8. Er verstärkt ein Geschichtsbild und ein politisches Bewußtsein, die beliebig manipulierbar sind: Vorbilder und Leitbilder sind austauschbar, totale Entmündigung ist eine unschwer anzielbare und erreichbare Konsequenz.

9. Er fördert ausgerechnet bei Kindern der Unterschicht, die von ihrem sozialen und familiären Milieu her ohnehin für einfache soziale Deutungsmodelle mit stark fatalistischer Tendenz („die da oben" - „wir hier unten") anfällig sind, ein personalisierendes Deutungsschema, zumal die schichtenspezifische Sprache der Unterschicht von ihrer Struktur her die Rezeption und den Gebrauch dieses einfachen und scheinbar plausiblen Deutungsschemas historisch-politischer Sachverhalte noch in besonderem Maße begünstigt (143).

Die überaus scharfe Kritik, die Friedeburg und Hübner an den Folgen eines personalisierenden Geschichtsunterrichts für das politische Bewußtsein der Schüler geübt haben, ist von der geschichtsdidaktischen Standardliteratur so gut wie überhaupt nicht berücksichtigt worden, wie auch die neueren Untersuchungen der Sozialisationsforschung unberücksichtigt geblieben sind. Gerade sie aber erweisen in ihren Aussagen über die Wertorientierung in Unterschichten, über die Sozialisationsagentur Familie und über den Einfluß schichtenspezifischer Formen des Sprachverhaltens auf die kognitiven Prozesse die Gefahren eines betont personalisierenden Geschichtsunterrichts aus einer neuen Sicht. Die didaktischen und methodischen Handbücher zum Geschichtsunterricht vermitteln dagegen großen Teilen einer Lehrerschaft, die häufig nicht oder nicht ausreichend qualifiziert vorgebildet ist, die überfordert wäre, würde man ihr abverlangen, den jeweils letzten Stand geschichtsdidaktischer Diskussionsliteratur zu kennen und die letztlich zu einem großen Teil ebenfalls einem personalisierenden Geschichtsbild zuneigt (144), die Konzeption eines Geschichtsunterrichts, dessen fatale Folgen spätestens seit der Untersuchung Friedeburgs und Hübners erwiesen sind und durch neuere Forschungen immer wieder neu bestätigt wurden.

3. Aspekte eines demokratischen Geschichtsunterrichts

Es gilt endlich eine Revision des Geschichtsunterrichts zu versuchen. Ansätze dazu liegen seit langem vor (145), ohne Eingang in die Standardliteratur und damit auch Zugang zur Lehrerschaft gefunden zu haben. Hier soll - gewissermaßen als ein Baustein für die Revision - eine Alternative zum personalisierenden und damit monoperspektivischen Geschichtsunterricht entwickelt werden, die eine tragfähige Basis für die Praxis des Geschichtsunterrichts abgibt. Unberührt von diesem Versuch eines Neuansatzes in einem Teilbereich bleibt die Aufgabe bestehen, eine neue Gesamtkonzeption für den Geschichtsunterricht in unserer Zeit zu erstellen, in der etwa die Aspekte des historischen Denkens, der historischen Begriffsbildung, der sprachlichen Vermittlung von Geschichte, der Sozialisation und der Bedingungsfaktoren überhaupt berücksichtigt werden müßten - abgeleitet jeweils aus geschichtstheoretischen Abklärungen, lerntheoretischen Erkenntnissen und einer kritischen Gesellschaftstheorie (146).

3.1. Erweiterung der Perspektive als Konsequenz eines gewandelten Erkenntnisinteresses

Ausgangspunkt für den Entwurf einer Alternative zum bisher vorwiegend personalisierenden Geschichtsunterricht können die zitierten Marginalien der Außenseiter Brecht und Benjamin sein, die ein berechtigtes Unbehagen an der Geschichtsschreibung ihrer Zeit ausgedrückt haben, das zwischenzeitlich mehr oder weniger auch von „bürgerlichen" Historikern geteilt wird: ein Unbehagen an der einseitigen Perspektive, die wiederum aus einem einseitig fixierten und gesellschaftlich bedingten Erkenntnisinteresse resultierte und resultiert. Benjamin hat die vorzüglich formulierte Aufgabe gestellt, „die Geschichte gegen den Strich zu bürsten".

Was aber kann dies heißen, Geschichte gegen den Strich bürsten? Benjamin hat die Antwort selber gegeben, und seine Antwort deckt sich mit der Antwort Brechts auf die gleiche Frage. Sie liegt in der Behauptung, es gebe kein Dokument der Kultur, das nicht zugleich ein Zeugnis der Barbarei, der namenlosen Fron jeweiliger Zeitgenossen sei. Und Brecht beantwortete die Frage in den „Fragen eines lesenden Arbeiters" oder auch in seiner „Ballade vom Wasserrad" (147):

„Von den Großen dieser Erde
Melden uns die Heldenlieder:
Steigend auf so wie Gestirne
Gehn sie wie Gestirne nieder.
Das klingt tröstlich und man muß es wissen.
Nur: für uns die wir sie nähren müssen
Ist das leider immer ziemlich gleich gewesen.
Aufstieg oder Fall: Wer trägt die Spesen?"

Das bedeutet nichts anderes als die Forderung nach einer erweiterten, kompensatorischen und korrigierenden Perspektive.

Ein Blick über die engen Fachgrenzen hinaus zeigt, daß diese Perspektive längst in die zeitgenössische Romanliteratur eingeführt worden ist: als die Perspektive der Clowns, Blechtrommler, Radfahrer und Obergefreiten, und man muß mit Christian Meier, der als Historiker auf diesen Sachverhalt erstmals hingewiesen und die Dichter als Gehilfen und Bundesgenossen des Historikers im Rahmen einer fruchtbaren Begegnung zwischen Dichtung und Historie benannt hat, ernstlich die Frage stellen, „ob das Bild, das sich aus dieser Perspektive ergibt, so viel unangemessener ist als das aus der Vogelperspektive des Historikers" (148). Und man wird schließlich darauf die Antwort geben müssen, daß Geschichte unter anderem auch das ist, „was die Perspektive des kleinen Mannes, des Opfers, des die Dinge von unten Sehenden, von den Dingen Überrollten ergibt" (149).

Diese erweiterte Perspektive entspricht einem neuen, gewandelten Erkenntnisinteresse (150). Die Wandlung und Verlagerung des Erkenntnisinteresses ist Konsequenz und

Reflex realer Veränderungen in Wirtschaft, Gesellschaft und Politik. Unsere Gegenwart legt uns andere Interessen nahe als etwa die Zeit der Wilhelminischen Monarchie, und es ist für den Geschichtsdidaktiker nicht weniger als für den Geschichtswissenschaftler legitim, diesen veränderten Interessen nachzugehen und von ihnen aus Geschichte zu befragen; ja für den Geschichtsdidaktiker gehört es wegen seiner unbestritten gesellschaftlichen Verpflichtung in noch stärkerem Maße als für den Historiker geradezu zur wissenschaftlichen Pflicht, diesen Interessen, soweit sie als gesellschaftliche Interessen erfaßbar sind, auf die Spur zu kommen und nachzugehen (151).

Die Gegenstände des Geschichtswissenschaftlers konstituieren sich durch ein von der Gegenwart nahegelegtes Interesse an einem Problem der Vergangenheit, denn „jede Generation, auf ihrer Wanderung von den eigenen Erfahrungen, Aufgaben, Nöten erregt, stellt neue Fragen an die Vergangenheit und sieht sie daher anders als ihre Vorfahren" (152). So wandten sich etwa Historiker des 19. Jahrhunderts auf dem Höhepunkt der Diskussion um eine kleindeutsche oder um eine großdeutsche Lösung des deutschen Problems intensiv der politischen Geschichte des mittelalterlichen deutschen Kaisertums zu und der Geschichte des später so benannten „Heiligen Römischen Reiches deutscher Nation". Oder: ehe die Soziale Frage auch ein verstärktes, wenngleich noch lange nicht dominierendes Interesse an wirtschaftlichen und sozialen Phänomenen der Vergangenheit evozierte, waren die Historiker, die die deutsche Reichsgründung und das Kaiserreich als Zeitgenossen erlebten, vorwiegend an der politischen und Diplomatiegeschichte interessiert, weil ihre Gegenwart ihnen solche Interessen nahelegte.

Historiker in unserer Zeit haben andere Erkenntnisinteressen, nachdem „die politischen und gesellschaftlichen Erfahrungen der vergangnenen Jahrzehnte . . . die Gewalt von Sachzwängen in der industriellen Welt, die Macht großer Massenbewegungen in Frieden und Krieg, kurzum: die Durchschlagskraft von Kollektivphänomenen in einem besonderen Ausmaß erwiesen" haben (153). Ihr Interesse gilt darum stärker gesellschaftlichen und wirtschaftlichen Sachverhalten, Strukturen und Determinanten in der Geschichte, zumal die „realhistorische Entwicklung . . . dem von der Romantik geförderten Persönlichkeits- und Genieideal, aber auch dem geradzu dogmatisierten Individualitätsprinzip des deutschen Historismus gerade den Boden entzogen“ hat (154). Ihr Interesse gilt vielfach Wirtschaftsabläufen, Konjunkturzyklen und Sozialprozessen, vor deren Hintergrund die Reaktionen der Betroffenen mehr unter sozial- als individualpsychologischen Aspekten gedeutet werden (155). Und ihr Interesse gilt zuweilen schon der Frage nach der „emanzipatorischen Aufgabe einer kritischen Geschichtswissenschaft“ (156) und der Emanzipation zu einer vernünftig organisierten zukünftigen Gesellschaft. So fragt Wehler nach einer möglichen Zusammenarbeit zwischen Historie und einer kritischen Theorie der Gesellschaft, die mit dem erkenntnisleitenden Interesse „an einer vernünftig organisierten zukünftigen Gesellschaft die vergangene und die gegenwärtige kritisch durchleuchtet, da sonst, ohne konkrete Utopie, der Hoffnung auf eine grundlegende Verbesserung der menschlichen Existenz der Grund entzogen würde“ (157).

Die Verfolgung einer bestimmten Erkenntnisrichtung auf der Grundlage eines zwar subjektiven, aber immer doch auch gesellschaftlich vermittelten Interesses ist - wie Max Weber dargetan hat - für den Geschichtswissenschaftler legitim, sofern er im Vollzug seiner eigentlichen Forschung und seiner Darstellung „objektiv“ verfährt, d.h. die für seine jeweilige offene Fragestellung einschlägigen Zeugnisse ohne Unterschied heranzieht, sichtet, ordnet und kontrollierbar interpretiert (158). Diese Legitimität hat bereits der Historismus betont: er hatte lediglich das, was heute mit einem besonders von Habermas verwendeten Begriff „erkenntnisleitende Interessen“ bezeichnet wird (159), als „Fragestellung“ oder „Problemstellung“ benannt.

Die Geschichtsdidaktik als Theorie eines in öffentlicher, gesellschaftlicher Veranstaltung betriebenen Unterrichtsfaches kann nicht von einem subjektiven, wenngleich immer auch gesellschaftlich vermittelten Erkenntnisinteresse ausgehen; sie muß vielmehr von einem möglichst objektiven Erkenntnisinteresse, von einem objektiv zu erhebenden gesellschaftlichen Interesse der Gegenwart und der absehbaren Zukunft ausgehen. Der Geschichtsunterricht gewinnt seine Gegenstände durch eine wissenschaftlich abgesicherte und überprüfbare Befragung der Gegenwart, durch Erhebung gegenwärtiger Problemstellungen von gesellschaftlicher Relevanz, von denen aus er Geschichte für seine Adressaten und mit seinen Adressaten nach einschlägigen Erfahrungen befragt (160). Damit gehört es geradezu zu den unabdingbaren Pflichten der Geschichtsdidaktik, sich vor allem auch Rechenschaft über die Gegenwart zu geben - um das Wort Huizingas abzuwandeln (161) -, bevor sie den Schülern über das Medium des Geschichtsunterrichts Rechenschaft über die Vergangenheit gibt. Sie hat vor allem mit jenem Teil der Sozialwissenschaften zu kooperieren, der einer kritischen Analyse der Gegenwart im Vorgriff auf eine vernünftig organisierte Gesellschaft der Zukunft verschrieben und verpflichtet ist (162). Die Zusammenarbeit mit diesen Sozialwissenschaften erleichtert es der Geschichtsdidaktik, Probleme von gesellschaftlicher Relevanz anzugeben und die Vergangenheit in differenzierter Weise mit Nutzen für die Gegenwart und Zukunft zu befragen.

3.2. Das leitende Interesse der Geschichtsdidaktik

Ein solches prinzipielles Problem von unbestreitbarer gesellschaftlicher Bedeutung ist die Forderung nach „Demokratisierung", nach bewußter Teilhabe und Teilnahme aller Mitglieder der Gesellschaft an der politischen, gesellschaftlichen und ökonomischen Gestaltung der Gegenwart und absehbaren Zukunft (163). Wie für die Erziehungswissenschaft überhaupt, so ist auch für den Geschichtsunterricht das Prinzip konstitutiv, "das besagt, daß Erziehung und Bildung ihren Zweck in der Mündigkeit des Subjekts haben; dem korrespondiert, daß das erkenntnisleitende Interesse der Erziehungswissenschaft das Interesse an Emanzipation ist" (164).

Geschichtsunterricht ist nicht mehr Prinzenerziehung als der Erziehung des künftigen Souveräns oder Angehörigen einer herrschenden oder administrativ tätigen Oberschicht; Geschichtsunterricht darf nicht mehr sein staatlich reglementierte Erziehung künftiger Untertanen. Geschichtsunterricht muß heute sein fachbezogene Bildung und Erziehung der künftigen potentiellen Souveräne einer demokratischen Republik, in deren wie auch immer noch eingeschränkter Macht die inhaltliche Ausgestaltung eben jener demokratischen Republik steht. Der Geschichtsunterricht steht unter dem Postulat der Demokratisierung und er ist erst dann demokratischer Geschichtsunterricht, wenn er Emanzipation befördern hilft: „ ‚Emanzipation' heißt die Befreiung der Subjekte - in unserem Fall der Heranwachsenden in dieser Gesellschaft - aus Bedingungen, die ihre Rationalität und das mit ihr verbundene gesellschaftliche Handeln beschränken" (165). Damit wird eine alte erziehungswissenschaftliche Zielvorstellung aufgegriffen, deren Voraussetzungen und Implikationen ebenso wie die Schwierigkeiten ihrer Verwirklichung in dieser Gesellschaft heute im Zentrum der erziehungswissenschaftlichen Diskussion stehen (166).

Eine wesentliche Aufgabe des Geschichtsunterrichts ist es damit, jungen Menschen unterschiedlichster Schichtenherkunft und unterschiedlichster schichtenspezifischer Präformation das Wissen, die Erkenntnisse, die Erfahrungen und die Fähigkeiten zu vermitteln, die notwendig sind, um die Entscheidungsfragen ihrer jeweiligen Gegenwart unter kritischer Reflexion einschlägiger historischer Erfahrungen entsprechend ihren objektiven Bedürfnissen und Interessen zu lösen.

Aus dieser Bestimmung ergeben sich Lernziele des Geschichtsunterrichts und als ein wesentliches Lernziel, das gerade der Geschichtsunterricht erreichen kann, die Erkenntnis der relativen Offenheit jeder historisch-politischen Konstellation, der permanenten und in jedem Fall erfolgenden Veränderung der Gesellschaft und der Ursachen dieser permanenten Veränderung. Die Tatsache, daß der Geschichtsunterricht bisher zu allen Zeiten fast ausschließlich auf eine Erziehung zur Anpassung an vorgegebene Machtverhältnisse und damit auf eine permanente Reproduktion des jeweiligen status quo angelegt war, daß er heute wieder geneigt ist, die bedingt demokratische Gegenwart als glücklich erreichten Endzustand der Geschichte zu verstehen, bedeutet eine entschiedene, geradezu absurde Verfälschung des Wesens von Geschichte und der Aufgabe des Geschichtsunterrichts: denn Inhalt der Geschichte ist die ständige Veränderung - sie wäre denn keine Geschichte. Diese Veränderung wird verursacht nicht durch die freie Kraft geschichtemachender Persönlichkeiten, sondern durch die Aktivität gesellschaftlicher Gruppen, Schichten, Klassen, durch organisierte gesellschaftliche Gruppen oder durch spontan sich organisierende und solidarisierende Gruppen. Das Individuum kann seine privaten Bedürfnisse, seine Interessen und seine politisch-gesellschaftlichen Intentionen nur realisieren - und auch dies nur annäherungsweise - auf dem Weg über gesellschaftliche Organisationen. Inaktivität, Passivität von Individuen bedeutet nicht, daß die Gegenwart sich nicht verändert oder nicht verändert wird, sondern lediglich, daß die inaktiven Mitglieder der Gesellschaft Objekte der Aktivität anderer werden, daß sich Veränderung ohne sie und auf ihre Kosten vollzieht und daß sie anderen erst die Möglichkeit eröffnen, ihre Absichten unter Wegfall eines potentiellen Widerstandes zu verwirklichen. Oder - wie Bertolt Brecht es als Verseschreiber ausgedrückt hat:

„Wer zu Hause bleibt, wenn der Kampf beginnt
Und läßt andere kämpfen für seine Sache
Der muß sich vorsehen: denn
Wer den Kampf nicht geteilt hat
Der wird teilen die Niederlage.
Nicht einmal den Kampf vermeidet
Wer den Kampf vermeiden will: denn
Es wird kämpfen für die Sache des Feinds
Wer für seine eigene Sache nicht gekämpft hat.“ (167)

Geschichtsunterricht hat die Notwendigkeit ständiger gesellschaftlicher Aktivität aus der Tatsache zu folgern, daß Geschichte das Resultat menschlichen Handelns und zwar des Handelns aller Menschen ist. Die Motivierung zu politischem Handeln ergibt sich aber nicht allein schon aus der Erkenntnis, daß gesellschaftliches Handeln unter Umständen die Umwelt zu verändern vermag. Hinzukommen muß die Fähigkeit oder die Befähigung, das eigene politische Handeln je und je auch inhaltlich zu bestimmen und rational zu begründen. Geschichtsunterricht hat als wesentliches Ziel die Motivierung zu politischem Handeln. „Politisches Handeln aber ist interessegeleitetes Handeln. Das Erkennen des eigenen Interesses oder der Gruppeninteressen ist deshalb die notwendige, aufklärende Voraussetzung einer politischen Beteiligung" (168). Somit ist dem Geschichtsunterricht die ungemein schwierige Aufgabe übertragen, Schülern unterschiedlichster Schichtenzugehörigkeit und unterschiedlichster, im Sozialisationsprozeß erfolgender Präformation (Sprachverhalten, Wertorientierungen, Verhaltensmuster) einerseits ihre objektive Interessenlage erkennen zu lassen - eine Aufgabe, die nur innerhalb des gesamten Lernbereichs Politische Bildung, also nur in Kooperation mit dem Fach Sozialkunde zu lösen ist - und bei der Auswahl der Lern- und Bildungsgegenstände mindestens auch von dieser Interessenlage auszugehen und andererseits Schülern die Erkenntnis zu vermitteln, daß Geschichte als geronnene Politik das Ergebnis des aktiven und passiven, rationalen und irrationalen Verhaltens von Menschen ist und im Einzelfall möglicherweise einen anderen Verlauf genommen hätte, wenn - unter anderem! - Aktivität und Passivität, Rationalität und Irrationalität des Verhaltens verhältnismäßig anders verteilt gewesen wären. Er hat damit die Aufgabe, seinen Adressaten ständig „die Erkenntnis der Veränderbarkeit aller sozialen Ordnungen und Institutionen" (169) zu ermöglichen und durch die Bewußtmachung permanenter Veränderung und ihrer Ursachen einerseits, der objektiven Interessenlage der Schüler andererseits die Notwendigkeit zu bewußter und willentlicher permanenter Transformation jeweiliger Gegenwart zu verdeutlichen.

3.3. Die perspektivische Erweiterung des Geschichtsunterrichts

Nach dieser Bestimmung erweitert sich die Perspektive bei der Auswahl geschichtlicher Bildungsinhalte und bei der Darstellung und reflektierenden Betrachtung ausgewählter historischer Sachverhalte: sie richtet sich mehr auf „Leute" als auf „Helden", sie erfaßt auch und extentiv die eigentlichen Vorfahren der Mehrzahl der Schüler: Abhängige, „Unbedeutende", sozial und kulturell Behinderte, Unterprivilegierte, Ausgebeutete, Revoltierende. Die Perspektive ändert und erweitert sich im Sinne der Aussagen Brechts und Benjamins, ohne einfach dem orthodox marxistischen Prinzip der „Volksmassen als Gestalter der Geschichte" zu folgen, das im Geschichtsunterricht der DDR eine so eminent wichtige Rolle spielt (170); sie ändert sich „nach Maßgabe des Möglichen" und läuft auf eine ergänzende, auf eine korrigierende, auf eine kompensatorische Perspektive hinaus, ohne neuerlich dem Irrtum einer monoperspektivischen Sicht zu verfallen.

Die Konsequenzen für die Auswahl, Darstellung und Betrachtung der Lern- und Bildungsgegenstände im Geschichtsunterricht lassen sich - unter deutlicher Akzentuierung bisher weitgehend vernachlässigter Sachverhalte - vorab, vor einer versuchsweisen systematischen Anordnung, in Fragen formulieren, die in ihrer überspitzten Form die Fragwürdigkeit des bisherigen praktischen Vollzugs des Geschichtsunterrichts in der Bundesrepublik am ehesten offenkundig machen und auf jenen Nachholbedarf hinweisen, der mit einer kompensatorischen und korrigierenden Perspektive noch erst gestillt werden muß.

Sollte es heute nicht selbstverständlich sein, jene historischen Bewegungen, die persönliche Freiheiten erkämpft, Abhängigkeiten und Unterdrückung bekämpft und sich herrschenden Normen und Gewalten widersetzt und verweigert haben, nicht mehr negativ und aus dem Blickwinkel der Herrschenden als Störenfriede, Unruhestifter und Schwarmgeister, sondern sym-pathisch zu sehen, historisches „Ver-

stehen" also nicht auf jeweilige Obrigkeiten und ihre Repräsentanten zu beschränken, sondern auch Abhängigen, Unterdrückten, Ausgebeuteten und gewalttätig Revoltierenden entgegenzubringen?
Was hindert den Geschichtsunterricht, die „namenlose Fron" der Sklaven der Antike mit der Akropolis, der Feudalbauern mit der sakralen Baukunst des Mittelalters und der Proletarier mit dem zivilisatorischen Fortschritt zu konfrontieren?
Warum sollten im Geschichtsunterricht aufständische Bauern oder radikale Sansculotten einmal nicht als Rotten und Pöbel, sondern als ausgebeutete Unterschichten dargestellt und betrachtet werden, die auf jahrhundertelange Gewalt mit Gewalt antworteten und doch nur zum geringsten Teil begriffen, daß ihre Lage nicht durch eine Wiederherstellung historischer Rechte zu ändern war, sondern allenfalls in einer anders strukturierten Gesellschaft?
Was hindert den Geschichtsunterricht, die Zunftrevolutionen des Mittelalters oder das Leben städtischer Unterschichten im Mittelalter intensiv zu betrachten und damit ein ungeschminktes Bild des mittelalterlichen städtischen Lebens als Gegengewicht gegen das immer wieder idyllisch dargebotene „bunte Bild der Städte" (171) im Mittelalter, innerhalb dessen die Städte immer nur von Kaufleuten, Patriziern und ehrbaren Handwerkern bewohnt erscheinen, zu zeigen?
Sollte der Geschichtsunterricht nicht auch die Barbarei des Imperialismus und die Leiden ausgebeuteter Völker der heutigen Dritten Welt beim Namen nennen, statt ausschließlich „The White Man's Burden" zu betonen, etwa Cecil Rhodes als kühnen Abenteurer hinzustellen und überhaupt den gesamten Imperialismus unter dem Aspekt der „List der Vernunft" zu verharmlosen? (172)
Warum sollte die republikanisch-demokratische Tradition Deutschlands, die bisher unvermittelt geblieben ist, nicht endlich auch in den Geschichtsunterricht eingehen? - In keinem westdeutschen Geschichtsbuch sind deutsche Jakobiner oder etwa die Existenz und das Scheitern der ersten Republik auf deutschem Boden, der Mainzer Republik von 1793, verzeichnet; Christian Friedrich Daniel Schubart,

Adolf von Knigge, Andreas Georg Friedrich Rebmann, Wilhelm Ludwig Wekhrlin oder Georg Forster – um nur Männer eines Zeitalters zu nennen - bleiben Schülern in der Bundesrepublik noch immer völlig unbekannt; lediglich im Geschichtsbuch der DDR sind früh- und radikaldemokratische Traditionen genannt und betont, wenn sie auch in ein starres historisches Verlaufsschema eingeordnet werden, mit dessen Hilfe die Gegenpositionen einfach abqualifiziert werden. -
Warum sollte im Geschichtsunterricht nicht auch der Aufstand der Pariser Kommune erscheinen? Nur in einem einzigen westdeutschen Geschichtsbuch wird er wirklich gewürdigt (173).
Warum sollten die Schüler nicht auch von religiös motivierten Sozialrevolutionären des Mittelalters oder von Anarchisten der Neuzeit erfahren?
Was schließlich hindert den Geschichtsunterricht, auch die Gegenspieler, die Opponenten der historischen Persönlichkeiten - zum Beispiel Bebel, Windthorst, Lasker oder Eugen Richter als Gegenspieler Bismarcks, um wieder nur Männer eines Zeitalters zu nennen - in den Blick zu nehmen (174)?

Der Historiker des Anarchismus, James Joll, hat in der Vernachlässigung solcher historischer Sachverhalte in der historischen Forschung eine Konsequenz des „Erfolgskultes" der Historiker gesehen (175); er hat diesen Erfolgskult, den Adorno als „bürgerliche Erfolgsreligion" bezeichnet hat und der ein Bewußtseinsspiegel liberalkapitalistischen Bürgertums ist und als solcher mit der Auffassung der Geschichte als des Aktionsfeldes von - erfolgreichen - Persönlichkeiten zusammenhängt, angegriffen und ihm gegenüber eine auch didaktisch bedenkenswerte Gegenposition angedeutet, eine Gegenposition, die eine Bereicherung des Geschichtsunterrichts im Blick auf seine Funktion innerhalb der Politischen Bildung bedeutet. Seine Kritik am Erfolgskult lautet: „Danach verdienen nur erfolgreiche Bewegungen das Interesse des Historikers, können Ideen und Menschen, die nicht zum Voranschreiten des geschichtlichen Prozesses beitragen, rechtens mit Verachtung gestraft oder als reaktionär und blind übergangen werden. Die Folge ist, daß manches Interessante und Merkwürdige in Vergessenheit gerät und das Blickfeld des Historikers bewußt eingeengt wird. Wenn der Historiker aber, wie der Künstler, unser Weltbild erweitern, wenn er uns zu einer neuen Sehweise verhelfen will, dann kann die Erforschung historischen Scheiterns ebenso lehrreich und fruchtbar sein wie die des Erfolges" (176).

3.4. Multiperspektivischer Geschichtsunterricht und sein didaktischer Wert

Eine solche Auffassung und Betrachtung von Geschichte gehört auch - didaktisch und methodisch umgesetzt - in den Geschichtsunterricht, für den prinzipiell nichts Vergangenes verloren zu geben ist, wenn sich daraus Erkenntnisse ableiten und daran Denkweisen einüben lassen (177). Sie deckt sich zum Teil mit der von Christian Meier geforderten „Vervollständigung der Historie in Hinsicht auf die Gegenstände wie auf die Perspektiven und Distanzen der Betrachtung" (178). Diese Forderung läuft auf eine „multiperspektivische Geschichtsschreibung (und -betrachtung)" (179) hinaus, auf eine Historie, in der gleiche Sachverhalte aus den unterschiedlichsten Blickwinkeln geschildert und betrachtet, d.h. reflektiert werden. Vielleicht bedeutet eine solche multiperspektivische Geschichtsschreibung und -betrachtung nur die schriftliche Fixierung des Vorgehens des Historikers, und Meier führt denn auch expressis verbis aus: „Jeder von uns betrachtet die Geschichte ohnehin ständig von den verschiedensten Orten her. Er geht nahe heran an die Handelnden, versucht die Offenheit der jeweiligen Situation wiederherzustellen - nicht ohne sich in die je verschiedenen Parteien zu versetzen. Er nimmt zugleich Abstand, um zu rekonstruieren, welche Voraussetzungen bestanden, die, den Handelnden selbstverständlich, uns wieder mitzudenken sind. Dann geht er gleichsam hinter die Kulissen und untersucht die wirtschaftlichen Hintergründe, seien sie nun direkt oder nur indirekt determinierend. Andererseits schwingt er sich aber auch in die Höhe, um die Zeiten zu überblicken . . ." (180). Das Verfahren ist der Realität von Geschichte angemessen, denn „es scheint, daß wir in der Geschichte drei Faktoren als diejenigen zu vermerken haben, durch die die geschichtliche Bewegung bewirkt wird: die führenden Personen . . ., die in den großen sozialen Gebilden gegenwärtigen Massen der anonymen Einzelnen und . . . die außerpersonellen Kräfte der Umstände, der objektiven Gegebenheiten oder Strukturen" (181).

Nun ist nicht zu übersehen, daß in einem solchen Verfahren die Gefahr enthalten ist, daß die eine Perspektive die andere relativiert, daß eine solche Geschichtsdarstellung und -betrachtung zu einem verschwommenen Einerseits - Andererseits, zu einer Pseudo-Gerechtigkeit und zu einem „tout comprendre - tout pardonner" führt. Dieser Gefahr ist nach Meier innerhalb der Historie nur durch „die Verselbständigung der Perspektiven, das gesonderte Durchspielen jeder einzelnen samt einem Bemühen um ihre sinnvolle In-Verhältnissetzung" (182) zu begegnen.

Multiperspektivische Geschichtsschreibung und -betrachtung bedeutet nur, „daß bewußt und konsequent getan wird, was unbewußt und inkonsequent ohnehin schon überall geschieht" (183). Eine solche Feststellung mag für den Bereich der Geschichtswissenschaft vielleicht gelten, für den Bereich des Geschichtsunterrichts gilt sie keineswegs: der Geschichtsunterricht ist traditionell weitgehend monoperspektivisch-personalisierend ausgerichtet. Es wird zu fragen sein, was damit erreicht wäre, wenn auch der Geschichtsunterricht Geschichte so gut wie möglich und in einfachster Form aus vielen Perspektiven vermittelte und reflektierte und die verschiedenen möglichen Perspektiven jeweils streng voneinander absetzte. Ist eine solche Übertragung auf den Geschichtsunterricht überhaupt sinnvoll? Und: ist sie überhaupt möglich? Das Problem hat mehrere Aspekte. Es muß nach der didaktischen Seite wie nach der methodischen Seite und unter dem Aspekt des Stoff-Zeit-Korrelats durchdacht werden.

Eine multiperspektivische Vermittlung und Betrachtung

historischer Sachverhalte im Geschichtsunterricht würde zunächst bedeuten, daß gleiche Sachverhalte aus vielen unterschiedlichen Perspektiven Beteiligter und Betroffener und unter Berücksichtigung unterschiedlichster Elemente, vor allem der „außerpersonellen Kräfte der Umstände, der objektiven Gegebenheiten oder Strukturen" (Schieder) dargestellt und reflektiert werden. So können historische Ereignisse in strenger Absetzung der einzelnen möglichen Perspektiven voneinander etwa aus den Perspektiven der herrschenden Schichten, der mit ihnen kooperierenden und von ihnen profitierenden Gruppen oder von bestimmten Interessengruppen, aber auch und in verstärktem Maße und gleichzeitig aus den Perspektiven der Namenlosen, der Opfer, der Gescheiterten beleuchtet werden. Von entscheidender Wichtigkeit ist dabei stets der Blick auf jeweils mehr oder weniger stark determinierende sozioökonomische Strukturen und Funktionszusammenhänge.

Es ist ein Verfahren vorstellbar, bei dem ein Sachverhalt unter steter Berücksichtigung apersonaler Faktoren aus zunächst zwei, in einem fortgeschritteneren Stadium aus drei und mehr Blickwinkeln angegangen, „durchforscht" und durchdacht würde, die Schwierigkeitsstufen steigernd bis zur außerordentlichen diffizilen Sicht aus vielen Perspektiven. Zu denken wäre dabei für das erste Stadium an die großartig schematisierte und vereinfachte Form, die Brecht verwendet hat: zu denken wäre an den quasi automatischen Blick auf die andere Seite und aus der anderen Sicht, an einen gewohnheitsmäßigen Blick auf die Perspektive und aus der Perspektive auch der bislang vernachlässigten namenlosen und nicht gewürdigten Unterprivilegierten, an die Entgegensetzung zweier Perspektiven, durch die Geschichte - wie in den „Fragen eines lesenden Arbeiter" gezeigt - überhaupt erst Spannung und Dramatik gewinnt.

Erst nach der notwendigen Gewöhnung an diese Doppelperspektive und an den fast automatischen Blick auf die je andere Seite kann eine Differenzierung der Perspektiven erfolgen, können besonders sorgfältig ausgewählte gleiche Sachverhalte allmählich auch aus vielen Perspektiven entsprechend einer historisch je und je gegebenen sozialen

Grobschichtung angegangen und bedacht werden.

Bei einem wünschenswerten einmaligen Durchgang durch die Geschichte bedeutete dies, daß an der Vor- und Frühgeschichte, der Antiken und der Mittelalterlichen Geschichte die Doppelperspektive eingeübt wird, während an Sachverhalten der Neueren, Neuesten und Zeitgeschichte die Perspektiven weiter differenziert werden. Ein solches stufenweises Vorgehen enthebt zugleich der Schwierigkeit, differenzierte Aussagen über das Leben und Handeln verschiedener Unterschichten in sehr weit zurückliegenden Epochen machen zu müssen, über die wir ohnehin nur recht spärliches Wissen haben. Es eröffnet zugleich die Möglichkeit, die seit der Neueren Geschichte immer stärker werdende Subjektrolle der „Leute", über die wir zugleich ungleich besser informiert sind, entsprechend intensiv zu berücksichtigen.

Geschichte, auf solche Weise im Unterricht vermittelt und von den verschiedensten Seiten her reflektiert, erschiene so auch im Unterricht als eine Betrachtung von Geschehenem von unterschiedlichsten Standorten aus. Geschehenes erschiene als höchst komplexe Vielfalt von Bedingungen, interessegeleiteten Entscheidungen und Gegenentscheidungen, Handlungen und konkurrierenden Handlungen, als Ergebnis des Handelns von unterschiedlich motivierten - z.B. ökonomisch, machtpolitisch, religiös motivierten - Menschen, die ihre Absichten unter den gegebenen Umständen gar nicht oder nur unzureichend verwirklichen konnten und häufig gerade das Gegenteil dessen erreichten, was sie im Sinn hatten. Die Diskrepanz zwischen angestrebtem und tatsächlich erreichtem Ziel wird in einem gut konzipierten Geschichtsunterricht immer Gegenstand des Fragens sein, des Fragens nach den verhindernden Faktoren: nach konkurrierendem und/oder nach rationalerem Handeln, nach unterschiedlichen Machtpositionen und nach unterschiedlichem Durchsetzungsvermögen etwa von herrschenden Minderheiten.

Der Geschichtsunterricht, der auf diese Weise „die verschiedenen Betrachtungen gegeneinander freisetzen, den Schilderungen und Reflexionen, den Handelnden und

Opfern sowie den komplizierten Veränderungen der Strukturen je ihr Recht geben, die Geschichte von den verschiedensten Seiten sichtbar werden lassen" (184) würde, könnte auf diese Weise endlich auch jeweils, ja notwendigerweise auch jeweils gerade jene Schichten in den verschiedensten Gesellschaftsordnungen betrachten und die vergangenen Gegenwarten aus der Sicht jener Schichten behandeln, die von ihrem sozialen Status her - als Namenlose, Abhängige, Unterprivilegierte, sozial und ökonomisch Behinderte oder Unterdrückte - der Mehrheit der Schüler in unserer Gesellschaft nahestehen, und würde doch gleichzeitig und wiederum notwendigerweise gleichzeitig auch die jeweils andere Seite mit ihren Machtpositionen, Interessen und Verhaltensweisen in bestimmten Situationen komplementär in den Blick nehmen.

Er würde gewissermaßen automatisch jene kompensatorisch-korrigierende Perspektive enthalten, die gegenüber dem bisherigen weitgehend monoperspektivisch-personalisierenden Geschichtsunterricht so dringend geboten ist: er enthielte per se die Perspektive der Namenlosen, der Gescheiterten und der „großen Opponenten" (185). Der hier viel verwendete Begriff der Namenlosen ist dabei zu sehen als ein zwar unbefriedigender aber doch notwendiger Hilfsbegriff. Die Namenlosigkeit ist eines der Charakteristika, durch die sich die übergroße Mehrheit der in der Geschichte handelnden und aufgetretenen Personen von den namentlich bekannten geschichtlichen Persönlichkeiten abhebt, auch wenn diese Mehrheit als Sklaven, Leibeigene, Bürger, Arbeiter, Angestellte in begrifflich erfaßten Gruppen oder Klassen aufgetreten ist und wenn Namen einzelner Individuen aus diesen Gruppen oder Klassen überliefert sind; die Namenlosen – das sind nicht nur alle jene historischen Personen, deren Namen nicht überliefert sind und die für immer namentlich unbekannt bleiben werden; die Namenlosen - damit sind hier auch jene Individuen bezeichnet, die, namentlich durchaus bekannt, bislang nicht für wert befunden wurden, gewürdigt zu werden.

Beim gegenwärtigen Stand der geschichtsdidaktischen Diskussion, unter Berücksichtigung der in der geschichtsdidaktisch-methodischen Standardliteratur vertretenen Auffassungen und bei realistischer Einschätzung des vor allem in Haupt- und Realschulen erteilten Geschichtsunterrichts wird es notwendig sein, in dieser Schrift vor allem die kompensatorische Perspektive, d.h. die gegenüber dem bisherigen personalisierenden Geschichtsunterricht kompensatorische Perspektive innerhalb eines prinzipiell zunächst doppel-, dann multiperspektivisch konzipierten und angestrebten Geschichtsunterrichts deutlich zu akzentuieren und vor allem jene Aspekte bei der Auswahl der Lern- und Bildungsgegenstände des Geschichtsunterrichts zu berücksichtigen, durch die den Namenlosen als den eigentlichen Vorfahren der Schüler ihr Recht zukommt. Der Geschichtsunterricht hat - im Rahmen einer multiperspektivischen Konzeption - danach auch folgende Aspekte bei der Auswahlfrage zu beachten, die sich zum Teil überschneiden:

1. Die Namenlosen als Individuen, als Gruppen oder als Klassen in ihrer historischen Objektrolle.
Etwa: die Sklaven der Antike als Objekte der Freien; die nichtadelige, vor allem bäuerliche Gesellschaftsschicht des Mittelalters als Objekt des kirchlichen und weltlichen Adels; die Proletarier als Lohnabhängige: jeweilige Verfügung über Menschen durch Menschen, deren materielle und ideelle Ursachen deutlich werden müssen.

2. Die Namenlosen als Subjekte und als Handlungsträger in der Geschichte.
Etwa: die Plebejer der römischen Geschichte; die Christen im spätrömischen Reich; die Zunftrevolutionäre des späten Mittelalters; die Unterschichten sämtlicher Revolutionen der Neuzeit: Ursachen, Absichten und erreichte Ziele müssen in Beziehung gesetzt, den Fragen nach möglichen Diskrepanzen zwischen angestrebtem und erreichtem Ziel muß nachgegangen werden. (So auch in 3.)

3. Die Namenlosen als Gescheiterte einschließlich der Ursachen ihres Scheiterns.
Etwa: die Sklavenaufstände des Altertums; religiös-sozialrevolutionäre Bewegungen des Mittelalters; der deutsche Bauernkrieg, eingeschlossen seine vorrevolutionären Strömungen und die radikal-revolutionären Bewegungen etwa

Münzers, Gaismairs oder der Münsteraner Wiedertäufer; die Mainzer Republik von 1793; der Lyoner Seidenweberaufstand, der deutsche Weberaufstand, Maschinenstürmerei, Pariser Kommune, Sozialrebellen des 19. Jahrhunderts und im 20. Jahrhundert.

4. Die „großen Opponenten", die sich herrschenden Normen und herrschenden Gewalten verweigert, als Gegenspieler der erfolgreichen historischen Persönlichkeiten aufgetreten sind oder Noch-Nicht-Mögliches zu antizipieren versucht haben.
Etwa: Spartacus, Münzer, Forster, Babeuf, Bakunin . . . und die parlamentarischen und außerparlamentarischen Antipoden der historischen Persönlichkeiten.

Auf diese Weise gerät vieles in den Blick, was erfahrens- und bedenkenswert ist und nicht minder erfahrens- und bedenkenswert ist als die erfolgreichen Haupt- und Staatsaktionen der „großen Männer". Auf diese Weise kann den Schülern ein sekundäres Erfahrungsfeld erschlossen werden, das auch und ganz besonders die Erfahrungen der eigentlichen Vorfahren der Schüler enthält.

Aber es versteht sich, daß diese systematische Anordnung eben nur als der Anteil der kompensatorischen Perspektive innerhalb eines Geschichtsunterrichts gemeint ist und gesehen werden kann, der viele Perspektiven berücksichtigt. Als kompensatorisch muß diese Perspektive bezeichnet werden, weil und solange der Geschichtsunterricht noch weitgehend und primär personalisierend-monoperspektivisch angelegt ist und weil und solange in vor- und außerschulischen Sozialisationsprozessen ein personalisierendes Verständnis von Geschichte und Politik dauernd reproduziert wird. Sie darf also nicht so mißverstanden werden, daß der Geschichtsunterricht bereits dann auf eine unserer Zeit und der Zukunft angemessene Grundlage gestellt sei, wenn er Geschichte nur mehr aus der Sicht der Namenlosen darstellte oder gar politische und sozioökonomische Verhältnisse sowie gesellschaftliches Handeln auf das Leben und Handeln von namenlosen historischen Einzelpersonen reduzierte und damit in dem von Roth gemeinten Sinne „elementarisierte". Es gilt dem Mißverständnis vorzubeugen, die ausführlich beschriebenen didaktischen Gefahren der Personalisierung ließen sich bereits automatisch vermeiden, wenn die Perspektive der Namenlosen an die Stelle der Personalisierung trete und absolut gesetzt werde, wenn also eine bloße perspektivische Umkehrung bei der Darstellung, Vermittlung und Betrachtung historisch-gesellschaftlicher Sachverhalte im Unterricht stattfinde.

3.5. Personifizierung als Bestandteil eines multiperspektivischen Geschichtsunterrichts

Aus diesem Grunde bedarf auch die von F.J. Lucas vorgeschlagene begriffliche Unterscheidung von „Personalisierung" und „Personifizierung" (186) der Interpretation. Unter Personalisierung ist dabei - wie in dieser Untersuchung - die Darstellung von Geschichte an den sogenannten „historischen Persönlichkeiten" verstanden, unter „Personifizierung" die Darstellung von Geschichte an Namenlosen und aus dem Blickwinkel der Namenlosen. Mit dieser Unterscheidung ist nicht gemeint, daß die Personifizierung ohne alle Umstände und bedingungs-los an die Stelle der bisherigen Personalisierung treten sollte oder auch nur dürfte. Diese für Theorie und Praxis des Geschichtsunterrichts außerordentlich bedeutsame Unterscheidung darf denn auch nicht dahingehend mißverstanden werden, daß die Personifizierung historisch-gesellschaftlicher Sachverhalte für sich und als solche bereits eine tragfähige Basis für einen neuen Geschichtsunterricht abgeben könnte. Die Personifizierung historisch-sozialer Sachverhalte führt in der Form einer bloßen Personifizierung lediglich zu einer didaktisch nicht vertretbaren Addition von zumeist fiktiven Lebensläufen und von mehr oder weniger interessierenden Begebenheiten aus dem Leben isoliert dargestellter zumeist fiktiver historischer Einzelpersonen. Als bloße Personifizierung, d.h. ohne die ausführliche und notwendigerweise auch im Vordergrund stehende Berücksichtigung des wirtschaftlichen, sozialen und politischen Kontextes und der einer jeweiligen Gesellschaft eigentümlichen Funktionszusammenhänge, wäre sie didaktisch ähnlich bedenklich wie die Personalisierung, indem auch sie historische und politische, gesellschaftliche und wirtschaftliche Bedingungsstrukturen biographisch auflöste und aufzulösen lehrte und damit Historisch-Politisches, das ohne bedingende Funktionszusammenhänge und Strukturen weder zu verstehen noch zu erklären noch zu beurteilen ist, verfehlen müßte. Die Bedingtheit und relative Determiniertheit menschlich-gesellschaftlichen Handelns könnte darüber allzu leicht übersehen werden.

Personifizierung kann nur heißen, geschichtliche Sachverhalte an namenlosen Individuen und aus der Sicht namenloser Individuen, an Unterschichtengruppen und aus der Sicht von Unterschichtengruppen darzustellen und zu reflektieren und doch gleichzeitig auf der gesellschaftlichen Bindung der Namenlosen und auf der strikten Beachtung der das politisch-historische Handeln auslösenden, einschränkenden und bedingenden Sachumstände zu beharren. Ein personifizierender Geschichtsunterricht ist also didaktisch nicht sinnvoll, wenn er Schülern nicht gleichzeitig nicht-personale Elemente wie wirtschaftliche, gesellschaftliche und politische Strukturen vermittelt, innerhalb deren und in Auseinandersetzung mit denen sich historisch-politisches Handeln vollzieht und die dem individuellen Handeln fast unübersteigbare, dem gesellschaftlichen Handeln enge, aber doch überschreitbare Grenzen setzen. Er ist didaktisch nicht möglich ohne Abstrahierung und ohne permanente Einübung der Fähigkeit des Abstrahierens, ohne die Geschichte sich für die Schüler darstellen muß als Summe unbedingter Einzelhandlungen gesellschaftlich ungebundener Individuen. Auftretende historische Einzelpersonen - seien es fiktive oder reale Personen - müssen als Repräsentanten von Ständen, Schichten, Klassen, Gemeinschaften oder gesellschaftlichen Gruppierungen erkennbar sein, die unter bestimmten Sachumständen wie die vielen anderen auch, für die sie stehen, entscheiden und handeln. Ein personifizierender Geschichtsunterricht ist damit zugleich nicht sinnvoll ohne eine historische Begriffsbildung, in der die gewonnenen Abstrahierungen aufgehoben werden.

Ein in diesem Sinne personifizierender Geschichtsunterricht ist aber nur ein - freilich besonders wichtiges und bisher vernachlässigtes - Element in einem prinzipiell multiperspektivisch angelegten Geschichtsunterricht. Sofern die Personifizierung den unverzichtbaren Blick auf die Dialektik von Intention und bedingender Situation nicht verstellt, sondern fördert und sofern sie das Einüben der Fähigkeiten zuläßt, die den Schülern die Analyse dieses dialektischen Verhältnisses und die Erfassung nicht-personaler Elemente und kollektiver Größen ermöglichen, bildet sie einen wichtigen Bestandteil eines Geschichtsunterrichts, der historische Sachverhalte aus vielen Perspektiven angeht und durchdenkt; sie stellt eine Möglichkeit dar, Geschichte aus der Sicht der Namenlosen darzustellen und zu reflektieren.

Die so bedeutsame Unterscheidung von Personalisierung und Personifizierung weist aber zugleich auf einen anderen komplizierten Sachverhalt hin, der hier zwar nicht erschöpfend behandelt werden kann, aber doch zumindest angesprochen werden muß: auf den Grenzbereich zwischen Didaktik und Methodik, zwischen den methodischen Implikationen einer didaktischen Theorie und den didaktischen Implikationen eines methodischen Konzepts.

3.6. Methodische Implikationen eines multiperspektivischen Geschichtsunterrichts

Sowenig hier die methodischen Implikationen des Versuchs, Geschichte auch gegen den Strich zu bürsten, und es mit einer multiperspektivischen Geschichtsvermittlung und -reflexion im Unterricht zu versuchen, im Detail behandelt werden können, so wichtig ist es doch, zumindest auf den Aspekt der verbalen Vermittlung historischer Sachverhalte im Unterricht hinzuweisen und vor allem zu betonen, daß die didaktisch begründete Perspektiverweiterung zu einem vielperspektivisch angelegten Geschichtsunterricht so lange wenig sinnvoll bleibt, wie überkommene Formen der verbalen Vermittlung historischer Sachverhalte im Unterricht nicht neu überdacht werden. Zu denken ist hier vor allem an die Geschichtserzählung, die von der geschichtsdidaktisch-methodischen Standardliteratur im Anschluß an methodische Postulate vor allem der Weimarer Zeit gefordert wird (187). Sie ist die noch immer verbreitetste, beliebteste und am meisten empfohlene Form der Übermittlung historischer Sachverhalte im Unterricht, während etwa der Wert der Arbeit an Quellen im allgemeinen noch recht gering veranschlagt wird und zumindest nicht so favorisiert wird wie die Arbeit mit der Geschichtserzählung (188). An der Geschichtserzählung kann kritisch und beispielhaft gezeigt werden, welche methodischen Implikationen die Erweiterung zu mehreren Perspektiven hat und welche methodische und didaktische Bedeutung dem Prinzip einer didaktisch reflektierten Personifizierung im Rahmen dieser Erweiterung zukommen kann.

Die Geschichtserzählung als fiktive Rekonstruktion vergangenen Geschehens und als Versuch, historisches Handeln in möglichst konkreter Form zu „vergegenwärtigen", kann sowohl personalisierende als auch personifizierende Elemente enthalten. Bisher waren die Geschichtserzählungen vorwiegend personalisierend angelegt und verstärkten damit jenes Geschichtsbild, das Friedeburg und Hübner bereits vor vielen Jahren kritisch analysiert haben. Die Geschichtserzählung kann aber auch personifizierend angelegt sein, und es wird zu fragen sein, ob die vor allem von Ebeling vertretene personifizierende Geschichtserzählung (189) didaktisch sinnvoll ist. Ihre Hauptperson ist ein fiktiver Namenloser, dem ein fiktiver Name beigelegt wird. Die Fiktion wird gegenüber den Schülern gewissenhaft als objektive Rekonstruktion, als historische Wahrheit ausgegeben. Die fiktive Hauptperson steht dabei im Mittelpunkt einer als „spannend" konstruierten Handlung, die ebenfalls als historische Wahrheit ausgegeben wird. Sozioökonomische Strukturen und Momente werden dabei ebenso wie gegenläufiges, konkurrierendes Handeln anderer Zeitgenossen - wenn überhaupt - durch Dialoge erklärt und „veranschaulicht" (190).

Es liegt im Prinzip und in der Absicht dieses methodischen Verfahrens, daß Geschichte zum „Erlebnis" wird, daß fast ausschließlich die emotionale Schicht in den Schülern angesprochen wird. Durch die Konstruktion der Geschichtserzählung entsprechend bestimmten Kriterien - gefordert werden u.a. Detaillierung, Kostümierung, Lokalisierung, Personifizierung, Dramatisierung - wird eine Emotionalisierung des Unterrichts und der Schüler angestrebt, die entwicklungspsychologisch begründet und legitimiert wird (191). Die als spannend konstruierte, emotional dargestellte Handlung steht im Vordergrund, soll das Interesse der Schüler an diesem oder jenem Sachverhalt wecken, Interesse für die Vergangenheit überhaupt erzeugen und leitet das Interesse der Schüler dabei doch notwendig und konsequent auf Ephemeres, auf Unbedeutendes, auf Details. Die Geschichtserzählung fördert durch die einseitige Kommunikation zwischen Erzählendem und Zuhörenden, zwischen spannend Erzählendem und gebannt Zuhörenden eine rezeptive Haltung, die in entscheidenden Fragen in der anschliessenden Auswertung nicht mehr aufgebrochen werden kann. Der Bezugsrahmen, innerhalb dessen die Personen handeln, wird zu einer Neben-Sächlichkeit; die fiktiven Personen werden durch die Art der Darstellung zwangsläufig zu Individuen, die mit moralischen und Alltagsnormen gemessen werden und deren interessegeleitete Auseinandersetzung mit der objektiven Konstellation allzuleicht übersehen wird. Sie werden als „gut" oder „schlecht", „neidisch" oder „großmütig" eingestuft, mit Sympathie oder Antipathie, Mitleid oder Verachtung belegt, ohne daß eine wirkliche Auseinandersetzung mit ihren Interessen und Motiven oder eine wirkliche Analyse der realen Situation erfolgte. Die eigentliche Problematik historisch-politischen Handelns wird durch die Geschichtserzählung zumeist verschleiert und in der praktischen Auswertung im Unterricht vernachlässigt. Die Schüler erfahren keine Erweiterung ihres Weltbildes, sondern eine Bestätigung, daß ihre Alltagsnormen auch im politisch-historischen Bereich gelten und immer gegolten haben. Die Problematik des dialektischen Verhältnisses zwischen Bedürfnissen, Interessen, Wertvorstellungen und Motiven einerseits und sachlichen Bedingtheiten wie gesellschaftlichen, ökonomischen oder politischen Daten andererseits, der sich innerhalb dieses Verhältnisses vollziehenden Entscheidungen und Handlungen sowie der aus Entscheidungen und Handlungen resultierenden Folgen bleibt dabei ebenso unberücksichtigt wie die eminent bedeutsame Frage, ob die Folgen den Absichten entsprachen oder nicht entsprachen und worin die Kongruenz oder Nicht-Kongruenz von Absichten und Folgen begründet lag.

Ein Geschichtsunterricht, der auf solchermaßen personifizierend angelegten und eingesetzten Geschichtserzählungen beruht, zielt damit am eigentlichen Politisch-Historischen vorbei: Er emotionalisiert historisch-politisches Handeln, verlagert es auf eine Ebene absoluter Normen und degradiert Geschichte zur spannenden Erzählung, in der die künstlich hergestellte Spannung wichtiger ist als die didaktische Konzeption. Die Dominanz des Spannenden und Biographischen, die Auflösung und damit das Zurücktreten gesellschaftlicher und wirtschaftlicher Prozesse und Funktionszusammenhänge in Handlungen und zugunsten von Handlungen, wie sie nur allzu häufig in Geschichtserzählungen zu finden sind, führen zu einem Geschichtsbild, in dem zumindest stereotype soziale Ordnungsschemata und vor allem anthropomorphe Bezugskategorien (192) vorherrschend sind. Die sich leicht als Folge einstellende gewohnheitsmäßige Personifizierung gesellschaftlicher und wirtschaftlicher Strukturen, kollektiver Größen und nichtpersonaler Elemente kann unschwer in Sündenbockideologien umgeleitet werden und zur Aggressionsweckung gegenüber fiktiven out-groups wie zur manipulierten solidarischen Identifizierung mit in-groups mißbraucht werden - wie im extremen Fall beim Faschismus geschehen (193).

Die novellistische Geschichtsdarstellung im Unterricht ist in ihrer traditionellen Form sowohl als personalisierende wie als personifizierende Darstellung von mehr als fragwürdigem Wert, ja sie ist in ihrer herkömmlichen Form für einen rationalbetonten kritischen Geschichtsunterricht, der mehr ist als Geschichtskunde und nicht aus Erzählstunden besteht, als denkbar ungeeignet zu betrachten. Entweder wird in der Geschichtserzählung selber oder aber in der Auswertung im Unterricht die Dialektik von Intention und bedingender

Situation weitgehend nicht berücksichtigt. Die handelnden Individuen erscheinen als gesellschaftlich relativ ungebundene Individuen, weder als Repräsentanten von Gruppen, Schichten oder Klassen noch als determiniert durch sozioökonomische, politische oder auch kulturelle Bedingungen.

Die Geschichtserzählung läuft in ihrer herkömmlichen Form darauf hinaus, historische Sachverhalte entweder personalisierend oder personifizierend, in den meisten Fällen aber monoperspektivisch zu vermitteln. Sie ist schließlich in der herkömmlichen Form ungeeignet, weil sie eine Fiktion mit großem erzählerischen Aufwand unter allen Umständen als objektive Wahrheit ausgeben will, als objektive Rekonstruktion von Vergangenheit. Sie suggeriert den Schülern, der Erzählende berichte in objektiver Weise von so und nicht anders verlaufenen Begebenheiten, und setzt den Schülern Geschichte als fertiges Produkt vor, an dem es nichts zu deuteln gibt (194).

Die Geschichtserzählung ist im Unterricht künftig nur noch zu vertreten, wenn sie umgestaltet und ihr Einsatz in einer neuen Form vorgenommen wird. Es ist mehr als fraglich, ob auf die Geschichtserzählung ganz verzichtet werden kann, da besonders die Perspektiven der Namenlosen häufig nur über Geschichtserzählungen in den Unterricht eingebracht werden können. Die Geschichtswissenschaft hat durchaus Schwierigkeiten, das Leben und Handeln der Namenlosen vor allem in fern zurückliegenden Epochen zu rekonstruieren, da Geschichte immer von den Siegern, von der Oberschicht, im Auftrag der Oberschicht oder von Menschen geschrieben worden ist, die bereits dadurch privilegiert waren, daß sie die Kulturtechniken beherrschten. Sklaven oder Leibeigene sind stumm; wir kennen ihre Lage nur aus zweiter Hand. Die Geschichtswissenschaft versucht, in einem komplizierten Verfahren, diese Namenlosen zum Sprechen zu bringen, und die rationaler als bisher konzipierte Geschichtserzählung kann im Geschichtsunterricht durchaus ein Mittel sein, geschichtliche Sachverhalte - ausgehend von der geschichtswissenschaftlichen Rekonstruktion - aus dem Blickwinkel der Namenlosen darzustellen.

Sowohl bei der Gestaltung als auch ganz besonders bei

der Auswertung im Unterrichtsgespräch ist in Zukunft ganz besonders darauf zu achten, daß die auftretenden Personen als Repräsentanten erscheinen und erkennbar sind und daß gleichzeitig nichtpersonale Elemente und Funktionszusammenhänge vermittelt und intensiv bedacht werden. Nur so kann der Rahmen, innerhalb dessen sich historisch-politisches Handeln je und je vollzieht, ebenso erfaßt werden wie die Dialektik von Absichten und determinierenden Sachbedingungen.

Und schließlich bleibt ein weiterer Gesichtspunkt zu beachten. Ein Geschichtsunterricht, in dem noch Geschichtserzählungen verwandt werden, darf sich in den meisten Fällen nicht damit begnügen, zu einem bestimmten historischen Sachverhalt nur eine einzige Geschichtserzählung einzusetzen. Er muß vielmehr den Sachverhalt, will er nicht wieder in eine Monoperspektivität zurückfallen, aus verschiedenen Perspektiven betrachten und damit zum gleichen Sachverhalt mindestens zwei Geschichtserzählungen, in der unterschiedliche Standorte enthalten sind, einsetzen oder aber - was vorzuziehen wäre - versuchen, durch den Einsatz zusätzlicher anderer Medien die Multiperspektivität zu wahren. Und schließlich hat der Lehrer beim Einsatz der Geschichtserzählung immer auch gleichzeitig direkt und indirekt die perspektivische Bedingtheit des Erzählten und die Schwierigkeit der Rekonstruktion von vergangenem Geschehen überhaupt transparent zu machen, statt die Fiktion einer Pseudo-Objektivität aufrechtzuerhalten oder gar noch zu pflegen. Gerade die Multiperspektivität zwingt zu diesem Vorgehen, zu dem Uta Wernicke kürzlich interessante Ausführungen und praktikable Vorschläge unterbreitet hat, die eine rationalbetonte Konstruktion von Geschichtserzählungen ermöglichen (195).

Grundsätzlich aber bleibt im Blick auf die vorgeschlagene Konzeption zu fragen, ob die Geschichtserzählung nicht mehr als bisher durch in sich rationalere Formen des verbalen Angebotes ersetzt werden sollte und könnte - wenn auch zu betonen bleibt, daß die Geschichtserzählung nicht ganz zu entbehren ist. Es ist in der Tat merkwürdig, wie zurückhaltend methodische Theorie und Unterrichtspraxis ganz im Gegensatz zur Einstellung gegenüber der Geschichtserzählung noch immer „der Verwendung jenes Darstellungsmittels gegenüberstehen, das am ehesten Zugang zum Verstehen fremden menschlichen Handelns, zur Vergegenwärtigung von Menschen in ihrer Zeit bietet, nämlich der schriftlichen Quelle" (196). Einem rationalbetonten Geschichtsunterricht ist der Einsatz von zeitgenössischen Zeugnissen oder Quellen aber in jedem Falle angemessener als etwa die Geschichtserzählung: „Die Zeugnisse bieten neben der Vermittlung wichtiger Tatsachen die Möglichkeit eines Sichhineinversetzens ebenso wie den Anreiz zur Auseinandersetzung" (197) und bilden damit die Grundlage für „geschichtsbildendes Denken im Doppelsinne" (198).

Zu denken wäre etwa an den kombinierten Einsatz von Bericht und Quellen, indem etwa bestimmte Sachverhalte in der Form des Berichtes dargestellt und anschließend durch den Einsatz von Quellen aus unterschiedlichsten Standorten beleuchtet werden. Zu denken wäre vor allem an das bereits vor Jahren von Lucas vorgeschlagene Verfahren, das auch in das von Lucas konzipierte Geschichtsbuch gefunden hat: „Dem psychischen Reifegrad entsprechend lassen sich (scil. durch den Einsatz von Quellen im Geschichtsunterricht) äußere Vorgänge . . . wie innere . . . in Zeugnissen darstellen. Die intellektuelle Schwierigkeit kann von der Analyse illustrativ verwendeter Quellenstücke beider genannter Arten zu einer vorsichtigen konstruktiven Verwendung weiterschreiten (In-Beziehung-Setzen zweier oder mehrerer Stücke, beginnend mit scharfer Entgegensetzung)" (199). Ein solches Verfahren schließt ein, daß im multiperspektivisch konzipierten Geschichtsunterricht, dem der Einsatz von historischen Zeugnissen eine Selbstverständlichkeit ist, arbeitsunterrichtliche Verfahren eine stärkere Berücksichtigung finden als bisher. Im Bereich der Medien wäre ferner vor allem an den Einsatz technischer Medien zu denken, sofern sie die Darstellung aus mehreren Perspektiven zulassen (200).

Der gesamte Bereich der Methodik des Geschichtsunterrichts bedürfte unter den angeführten didaktischen Gesichtspunkten einer Analyse und einer Neukonzeption. Denn es ist unschwer ersichtlich, daß die didaktische Konzeption eines Geschichtsunterrichts, der geschichtliche Sachverhalte aus mehreren Perspektiven angeht und den Schülern Gelegenheit geben will, diese Sachverhalte aus jeweils mehreren Perspektiven auch zu reflektieren, methodische Konsequenzen impliziert, auf die hier nur generell hingewiesen werden kann.

3.7. Einwände gegen einen multiperspektivischen Geschichtsunterrichts

Die vorgeschlagene Konzeption des Geschichtsunterrichts als eines Faches, in dem kritisch aus jeweils mehreren Gesichtspunkten über vergangenes Geschehen nachgedacht wird, hat mit vielen Einwänden zu rechnen, so mit dem Einwand, in der Praxis des Geschichtsunterrichts sei seit jeher so verfahren worden, und die Konzeption sei daher schlechterdings nicht neu. Eine solche Behauptung würde aber lediglich von dem Mißverständnis zeugen, daß der Geschichtsunterricht bereits dann multiperspektivisch sei, wenn er dann und wann auch einmal aus „objektiver" Sicht die Unterschichten jeweiliger Gesellschaften in den Blick nehme. Multiperspektivität im hier gemeinten Sinne liegt aber erst vor, wenn gleiche Sachverhalte zugleich oder besser und genauer: nacheinander aus und von unterschiedlichen Standorten her gesehen und durchreflektiert werden, wenn in den jeweiligen Perspektiven die unterschiedlichen schichtenspezifischen Interessen, Machtpositionen, Verhaltensweisen, Motivationen, Wertvorstellungen oder Normen der Beteiligten und Betroffenen erarbeitet und sichtbar werden, erst dann reflektiert, in Beziehung gesetzt und verglichen werden und schließlich von den Schülern in kritisch-rationaler Auseinandersetzung beurteilt werden.

Ein weiterer Einwand kann in der Vermutung liegen, daß die vielen Perspektiven, in die die Schüler sich hineinversetzen müssen, letztlich kaum zu einer kritischen Auseinandersetzung, sondern lediglich zu einem Standpunkt des „Alles-Verstehens und Alles-Verzeihens" führen werde. Dem ist zu entgegnen, daß das auch mit Schülern zu leistende „gesonderte Durchspielen jeder einzelnen (scil. Perspektive) samt einem Bemühen um ihre sinnvolle In-Verhältnissetzung" (201) keineswegs konsequent zu Standpunktlosigkeit und Pseudogerechtigkeit führen muß, sondern im Gegenteil erst die Möglichkeit eröffnet, nach umfassender Informationsaufnahme die historischen Sachverhalte aus ihrer Zeit heraus wertend beurteilen zu lassen.

Aber: mit einem so generellen und leicht mißdeutbaren Hinweis ist die Frage nicht beantwortet. Sie muß im Zusammenhang mit einem weiteren möglichen Einwand neu gestellt und in einem größeren Rahmen versuchsweise beantwortet werden. Zugleich mit dem Einwand, ein multiperspektivisch konzipierter Geschichtsunterricht führe bei den Schülern zu einer indifferenten Pseudo-Gerechtigkeit, könnte nämlich als weiterer Einwand vorgetragen werden, der so konzipierte Geschichtsunterricht sei die geschichtsdidaktische Variante einer fragwürdigen Pluralismustheorie: ein solcher Geschichtsunterricht bringe zwar Konflikte, Kontroversen, unterschiedliche Interessen, Wert- und Zielvorstellungen in den Unterricht ein, suggeriere damit aber zugleich, „die vorhandene Gleichzeitigkeit verschiedener gesellschaftlicher Kräfte bedeute auch eine gleiche Chance der Interessendurchsetzung" (202). Er sei geeignet, allzu leicht den Blick auf die Tatsache zu verstellen, daß die verschiedenen gesellschaftlichen Kräfte durchaus nicht über den gleichen Einfluß und die gleiche Durchsetzungskraft verfügten, bleibe bei der Beschreibung und Aufnahme von Strukturelementen und unterschiedlichen Wertvorstellungen stehen und stoße nicht zu einer „qualitativen Analyse" (203) vor. Auch hier kann der Einwand auf die Forderung hinauslaufen, der Geschichtslehrer habe die Sachlage nicht nur zu beschreiben und den Schülern ein Sachwissen zu vermitteln, sondern er habe wesentlich die Aufgabe, die Sachverhalte zu bewerten.

Was Hofmann in dieser Frage für den Sozial- und Wirtschaftskundeunterricht gesagt hat, gilt nicht minder für den Geschichtsunterricht - auch und gerade vor dem Hintergrund der Geschichte des Geschichtsunterrichts: „Gerade in einem Fach, das dem Mißbrauch so sehr ausgesetzt ist, wird alle Indoktrination, alle Vorwegnahme von Entscheidungen (bis in die Begriffswahl hinein) peinlich zu vermeiden sein. Gewiß sollte darauf bestanden werden, daß die Schüler lernen, verbürgt Stellung zu nehmen. Die Urteile jedoch müssen erarbeitet werden. Hierzu bedarf es der Vermittlung von Sachwissen und der methodischen Anleitung" (204). Die Aussage Hofmanns befreit nicht von dem Dilemma - wie noch zu zeigen sein wird; sie ermöglicht aber eine wichtige Differenzierung. Zunächst trennt Hofmann zwischen Lehrer und Schüler: der Lehrer habe sich jedes Werturteils zu enthalten, da es sich gegenüber Schülern - vorab ausgesprochen - als Indoktrination und als Vorwegnahme von Entscheidungen der Schüler auswirke. Der Schüler freilich solle und müsse lernen, Sachverhalte wertend zu beurteilen, und in diesem Zusammenhang habe der Lehrer die Funktion, Sachwissen möglichst korrekt - gerade auch sprachlich korrekt - zu vermitteln. Die Tätigkeit, Werturteile zu erarbeiten, zu formulieren und rational zu begründen, ist eindeutig auf den Schüler beschränkt.

Und doch bleibt das Dilemma des Lehrers bestehen, wenn ihm die Aufgabe zugewiesen wird, die Schüler anzuleiten, zu rational begründbaren Werturteilen zu gelangen. Er kann die Aufgabe rein formal auffassen: er kann den Schülern immer wieder an jedem einzelnen Sachverhalt abverlangen, daß der Weg dorthin „von der unbefangenen und nicht durch Parteinahme vorbestimmten umfassenden Aufnahme des Sachverhalts (konstatierendes Urteil) über die deutende Vertiefung und Erklärung (Herstellung von Zusammenhängen zwischen beobachtbaren Erscheinungen, Erschließung von Grundsachverhalten; (deutendes Urteil) zur schließlichen Einschätzung des untersuchten Sachverhalts (wertendes Urteil)" (205) zu gehen ist und er kann ihnen verdeutlichen, daß der Weg nur so verlaufen kann.

Damit wird deutlich, daß der Einwand gegen die angeblich „pluralistische" Konzeption des Geschichtsunterrichts nicht weit trägt und bereits mit dem Hinweis auf das deutende Urteil beantwortet ist, das für den Bereich des Geschichtsunterrichts auch durchaus als historisches Urteil zu bezeichnen ist: ein multiperspektivisch orientierter Geschichtsunterricht verdeckt keineswegs historisch-gesellschaftliche Realität. Er verdeckt keineswegs, daß in der historischen und politischen Realität Minderheiten Privilegierter etwa durchaus in der Lage waren und sind, mit verschiedenen Mitteln, die von Zwang, offener und versteckter Gewalt bis zu manipulativen Techniken reichen, sich gegenüber Mehrheiten durchzusetzen, den Mehrheiten gegenüber zu befinden, welche Vorstellungen realisiert werden oder nicht. Eben dies kann und muß im Geschichtsunterricht immer wieder gezeigt werden und es kann nur gezeigt werden innerhalb eines Geschichtsunterrichts, in dem verschiedene Perspektiven auftauchen. Die Darstellung und Betrachtung verschiedener Perspektiven schließt notwendigerweise ein, daß unterschiedliche Vorstellungen und Interessen ebenso gesehen werden wie unterschiedliche Einfluß- und Durchsetzungsmöglichkeiten. Sie schließt - und darin liegt im übrigen eine gar nicht hoch genug zu veranschlagende Motivation - notwendigerweise die Frage ein, warum diese Vorstellungen realisiert werden konnten und jene nicht, warum diese Gruppen ihr angestrebtes Ziel ganz oder wenigstens annäherungsweise erreichten und jene nicht. Die Frage wird zur Erklärung, damit zum deutenden oder historischen Urteil führen, nicht aber zu einem Werturteil.

Die Schüler werden aber danach drängen, historische Sachverhalte und Motive unter ethischen Gesichtspunkten zu beurteilen und damit zu Wertungen vorzustoßen, und hier bleibt das Dilemma für den Lehrer, dem die methodische Anleitung obliegt, bestehen. Wie soll, wie kann er dieses Dilemma lösen, da er nun gezwungen ist, nicht nur formale, sondern auch inhaltliche Kriterien den Schülern anzugeben und in vorsichtigster Form zu vermitteln? Gibt es überhaupt objektive Wertmaßstäbe dafür, historische Erscheinungen als begrüßens- oder verurteilenswert anzusehen?

In der wissenschaftstheoretischen Diskussion ist die Frage nach der Legitimität von Werturteilen in der Wissenschaft äußerst umstritten (206). Weymar hat - im Anschluß an die wissenschaftstheoretische Untersuchung Hofmanns (207) - das Problem in seiner geschichtsdidaktischen Relevanz untersucht und als Ergebnis festgehalten, daß im Laufe der Geschichte in den verschiedenen Kulturen und Gesellschaften fortschreitend höhere Formen der sozialen Gesittung entwickelt wurden und daß in den jeweiligen Kulturen und Gesellschaften ein Bewußtsein dieser erarbeiteten Gesittung vorhanden war, von dem aus begründete und besonnene Werturteile formuliert werden können. Er zitiert zustimmend Hofmann: „Der einmal erarbeitete, von der Geschichte mühevoll ausgeformte Begriff möglicher Gesittung b l e i b t, auch in der Verdüsterung der Geschichte. Er kann geleugnet, nicht gelöscht, versehrt, nicht getilgt werden"(208) - aus unserer Sicht kann hinzugefügt werden: wenn geschichtliche Bildung ihn bewahrt. Er soll als Maßstab rational begründeter Werturteile gelten, als ein Maßstab, den der Lehrer seinen Schülern zu vermitteln hat. Er soll Standpunktlosigkeit verbieten, die ohnehin allemal unbewußte, aber nichtsdestoweniger reale Parteinahme für diejenigen ist, die von Standpunktlosigkeit profitieren.

Ist aber damit das Problem wirklich oder nur scheinbar gelöst? Ist die Französische Revolution - vom Stand der 1789 erreichten sozialen Gesittung aus betrachtet - zu verurteilen, negativ zu werten? Hier hat die Frage nach der Zweck-Mittel-Relation ihren Stellenwert. Der Zweck und das Ziel sind meßbar am Stand der sozialen Gesittung, zu legitimieren oder zu verwerfen (209). Am Beispiel: das Ziel der Französischen Revolution, sofern es sich in die Begriffe „Freiheit, Gleichheit, Brüderlichkeit" kleiden läßt, ist vom Stand der seinerzeit erreichten Gesittung aus betrachtet, nicht negativ zu werten. Bleibt - am Beispiel - die Frage, ob die Mittel angemessen oder unangemessen, die einzig möglichen und die notwendigen waren oder nicht. Hier bleibt dem Geschichtslehrer nur das Mittel der Problematisierung, der Infragestellung, wenn er Schüler zu begründeten Werturteilen anleiten soll und will.

Ohne selbst Stellung zu nehmen, oder aber eigene Wertungen in jedem Falle als subjektives Meinen kenntlich zu machen, bleibt dem Lehrer bei seiner Anleitungsfunktion nur der Weg, die genannten Kriterien den Schülern zu vermitteln und diese Kriterien zugleich zu problematisieren, will er nicht in einen indoktrinierenden Gesinnungsunterricht zurückfallen.

Ein weiterer Einwand könnte sich gegen die in der vorgeschlagenen Konzeption so stark betonte Sachbedingtheit menschlichen Handelns erheben und den Vorwurf beinhalten, die starke Betonung determinierender Elemente sei nicht weit entfernt, durch Berufung auf angebliche „Sachzwänge" erst recht einem Fatalismus Vorschub zu leisten, wie er nicht einmal durch den früheren personalisierend-monoperspektivischen Geschichtsunterricht erreicht worden sei. Sowenig diese Gefahr gering veranschlagt werden kann, so sehr ist doch darauf hinzuweisen, daß der Geschichtsunterricht an vergangenen Gegenwarten wie der Sozialkundeunterricht an unserer Gegenwart eben immer gerade jene Möglichkeiten gesellschaftlichen verändernden oder auch bewahrenden Handelns aufzuzeigen hat, die von den jeweiligen Determinanten zugelassen wurden und werden, von den Beteiligten ergriffen oder nicht ergriffen wurden und werden. Hierzu gehört auch und gerade die Darstellung und Reflexion jener historischen Ereignisse, in deren Verlauf scheinbar unüberschreitbare Grenzen des Handelns, scheinbare „Sachzwänge" überwunden wurden, um zu verdeutlichen, daß Veränderung unter anderem auch ein Akt des Wollens ist, eines Wollens, das freilich nur dann Erfolg hat, wenn es die Sachbedingungen rational analysiert.

Und schließlich wird ein praktischer Einwand gegen den multiperspektivischen Geschichtsunterricht im Hinweis auf das Stoff-Zeit-Korrelat liegen, im Hinweis darauf, daß eine multiperspektivische Betrachtung einen Zeitaufwand erfordere, der einfach nicht zu erbringen sei und zum Verzicht auf die Kontinuität und den Entwicklungszusammenhang im Geschichtsunterricht nötige. Es soll nicht bestritten werden, daß ein Geschichtsunterricht, der gleiche Sachverhalte aus mehreren unterschiedlichen Perspektiven betrachten will, auf eben diesen einen Sachverhalt wesentlich mehr

Stunden ansetzen muß als der bisherige monoperspektivische Geschichtsunterricht. Es ist allerdings eine Illusion zu glauben, der herkömmliche Geschichtsunterricht garantiere trotz seines zeitsparenden monoperspektivischen Vorgehens historische Kontinuität und Entwicklungszusammenhang über Jahrhunderte oder gar Jahrtausende hinweg, indem er die im Stoffplan enthaltenen Ereignisse und Epochen nacheinander „durchnehme". Für den multiperspektivischen Geschichtsunterricht ist dennoch zu fordern, daß er die Auswahl historischer Bildungsgegenstände, die multiperspektivisch dargestellt, analysiert und reflektiert werden sollen, nach streng gehandhabten und durchdachten Kriterien im Blick auf die Interessen, Bedürfnisse und Möglichkeiten unserer Gegenwart und seiner Adressaten prüft und trifft. Der Fortfall mancher traditioneller Bildungsinhalte sowie zeitlich und räumlich große Sprünge können um so leichter verschmerzt werden, je mehr die multiperspektivische Behandlung ausgewählter Sachverhalte ein Äquivalent schafft, dessen didaktischer Wert hier nur theoretisch erfaßt werden kann und empirischer Überprüfung erst noch bedarf.

3.8. Aufgaben und Möglichkeiten eines neuen Geschichtsunterrichts

Der didaktische Wert, so sehr er vielleicht im Verlauf der Darlegungen bereits sichtbar geworden ist, bleibt zusammenfassend noch genauer zu bestimmen. Dem Geschichtsunterricht ist im Rahmen des Lernbereichs Politische Bildung und das heißt vor allem in steter Kooperation mit dem Fach Sozialkunde die Aufgabe gestellt, seinen Adressaten, die aus unterschiedlichsten Schichten stammen und in schichtenspezifischen vor- und außerschulischen Sozialisationsprozessen unterschiedlich geprägt worden sind und noch geprägt werden, die Notwendigkeit, die Schwierigkeiten und die Möglichkeiten politischen Handelns an historisch-gesellschaftlichen Sachverhalten zu zeigen. Diese Aufgabe gilt vor allem im Blick auf die Mehrheit der Schüler, die aus sozial, wirtschaftlich und kulturell unterprivilegierten Schichten stammt und deren objektive Interessen in der Überwindung von Barrieren liegen, die ihre Emanzipation, von der die gesellschaftliche Emanzipation nicht zu trennen ist, behindern oder verhindern (210). Gerade diese Schüler sind durch eine kompensatorische Politische Bildung, in der ein Geschichtsunterricht, der sich selber nicht als Geschichtskunde, sondern als Geschichtsreflexion versteht, fest verankert ist, zu befähigen, ihre Gegenwart entsprechend ihren objektiven Interessen und Bedürfnissen und entsprechend den Möglichkeiten unserer Gesellschaft - deren Erkenntnis jeweils der Sozialkundeunterricht zu leisten hat - zu verändern.

Das Erkennen des eigenen Interesses ist nicht die einzige Voraussetzung für politisches Handeln und vermag politisches Handeln allein noch nicht zu motivieren (211). Hinzukommen muß die - gerade im Geschichtsunterricht vermittelbare - Erkenntnis der jeweiligen relativen Offenheit historisch-politischer Situationen, der Veränderbarkeit aller Verhältnisse, der permanenten Veränderung und des Anteils und möglichen Einflusses aller politisch Handelnden-vor allem insofern diese Handelnden ihre Interessen gemeinsam mit anderen, also durch gesellschaftliches Handeln verfolgen.

Diese Aufgabe des Geschichtsunterrichts kann nicht im herkömmlichen, vorwiegend monoperspektivisch-personalisierenden Geschichtsunterricht geleistet werden. Im Gegenteil arbeitet ein personalisierender Geschichtsunterricht einem solchen Ziel entgegen, verstärkt ein dichotomisches Gesellschaftsverständnis mit stark fatalistischem Einschlag und perpetuiert es. Die naheliegende Konsequenz, im Geschichtsunterricht entsprechend der Herkunft der Mehrheit der Schüler Geschichte allein aus der Sicht historischer Einzelpersonen oder Gruppen von vergleichbarem sozialem Rang und Status darzustellen und zu reflektieren, bietet keine wirkliche Alternative zum personalisierenden Geschichtsunterricht: ein so konzipierter Geschichtsunterricht führte nicht zur Analyse, sondern zur einseitigen Beurteilung historisch-gesellschaftlicher Sachverhalte und entspräche daher nicht der historischen Realität als einem jeweils außerordentlich vielschichtigen Komplex von Entscheidungen und Gegenentscheidungen, Handlungen und konkurrierenden Handlungen unter relativ determinierenden Sachbedingungen. Er betonte viel zu stark eine Subjektrolle namenloser historischer Einzelpersonen und Gruppen, sähe viel zu stark von Widerständen in Form von konkurrierendem Handeln und von Funktionszusammenhängen ab und ließe letztlich Geschichte als nur unverbindlich-interessant erscheinen.

Demgegenüber stellt der multiperspektivische Geschichtsunterricht, so häufig und so gut wie möglich sowie in den einzelnen Schuljahren nach Schwierigkeitsstufen gestaffelt, vergangene Gegenwarten aus jeweils unterschiedlichen Standpunkten dar, enthält damit per se auch bisher vernachlässigte und mit Nutzeffekt befragbare Perspektiven und schließt die Perspektiven der den Schülern sozial Nahestehenden ein. Die Darstellung und Betrachtung von verschiedenen Standorten zeigt unterschiedlichste Machtpositionen und unterschiedlichste historisch-schichtenspezifische Interessen und Bedürfnisse, Einstellungen und Motivationen, Wertvorstellungen und Normen auf, die von Perspektive zu Perspektive, von Schicht zu Schicht oder von Klasse zu Klasse zum Teil erheblich divergieren, und verlangt den Schülern schwierige gedankliche Operationen ab, die aber zur Erfassung einer jeweiligen Gegenwart einfach notwendig sind und eingeübt werden müssen. Erst dieser Geschichtsunterricht vermittelt wirklich das Kennenlernen fremder Interessen, Motive, Normen, zwingt zum Hineinversetzen in Situationen, Motive und Wertvorstellungen je anderer Menschen in anderen Zeiten und ermöglicht eine wirkliche Auseinandersetzung mit ihnen. Er ermöglicht erst einen vielschichtigen Blick auf Sachbedingungen, auf die Menschen je und je unterschiedlich antworten und innerhalb deren sie mit ihrem Verhalten auf unterschiedliche Weise Erfolg oder Mißerfolg haben. Erst der multiperspektivische Geschichtsunterricht läßt Geschichte als das Resultat von miteinander konkurrierenden und gegenläufigen Handlungen erkennen, zwingt zur Analyse der verschiedenen Handlungen bis zur Interpretation der dahinter stehenden Interessen und Motive sowie zur vergleichenden Analyse des angestrebten Ziels mit dem tatsächlich erreichten Ziel. Er zwingt zur rationalen Suche nach den Ursachen für die Kongruenz oder Nicht-Kongruenz zwischen angestrebtem und tatsächlich eingetretenem Resultat und gelangt auf diese Weise zur Erkenntnis politischer Realgeschichte und realer historischer Politik.

Er vermittelt Geschichte, indem er vergangene Gegenwarten so häufig und gut wie möglich aus verschiedenen möglichen Perspektiven analysieren will, in einer notwendigerweise rationalen Form. Multiperspektivität garantiert per se, daß Geschichte den Schülern nicht als fertiges Produkt, sondern als eine bedingte, von den Schülern auch mitzuvollziehende und mitzuschaffende Rekonstruktion von vergangenem Geschehen gegenübertritt, indem sie die perspektivische Bedingtheit jeweiliger Zeugnisse oder jeweiliger Rekonstruktion aufweist, Zeugnisse und Darstellungen als perspektivisch relativiert, distanziert und transparent macht und den Schülern „geschichtsbildendes Denken im Doppelsinne" (212) ermöglicht: Das Zusammenfügen verschiedenster Zeugnisse und Informationen über vergangenes Geschehen zu Geschichte und die sich dabei im denkenden Subjekt vollziehende Bildung. Die Form der Vermittlung, das immer neue Herantasten aus unterschiedlichen Perspektiven an den gleichen Sachverhalt erlaubt einen Einblick in die Struktur von Geschichte als Wissenschaft. Geschichte wird auf diese Weise nicht zu einem Kanon lernbarer, ich-gleichgültiger Tatsachen, sondern zu einem ständig geübten Reflexionsprozeß über vergangenes Geschehen und vergangene Gegenwarten - zu einem Reflexionsprozeß, der sekundäre politische Erfahrungen zu vermitteln und ein intellektuelles Rüstzeug zur Analyse vergangener wie gegenwärtiger Verhältnisse anzulegen und zu pflegen vermag.

Ein Geschichtsunterricht, der vergangene Gegenwarten prinzipiell aus verschiedenen Standorten betrachtet, kann daher besser als der herkömmliche Geschichtsunterricht unter Umständen folgende Leistungen hinsichtlich kognitiver und pragmatischer Lernziele erbringen:

1. Er vermittelt sekundäre, primär von Schülern noch nicht erreichbare Erfahrungen über die gesellschaftliche

Aktivität historischer Einzelpersonen und Gruppen. Er schließt durch die Vielfalt seiner Perspektiven ein, daß auch das Handeln jener historischen Personen und Gruppen kritisch reflektiert wird und als Erfahrungsquelle benutzt werden kann, die sich in einem vergleichbaren sozialen Status befinden wie die sie zum Objekt ihres Nachdenkens machenden Schüler.

2. Er vermittelt die Erkenntnis der Veränderbarkeit und der sich ständig vollziehenden Veränderung, leitet daraus die Erkenntnis der Notwendigkeit und der Möglichkeiten gesellschaftlicher Aktivität ab und erschwert sowohl Verdrängung wie auch Leugnung des eigenen Anteils an Veränderung.

3. Er vermittelt die Erkenntnis der Schwierigkeiten gesellschaftlicher Aktivität als einer permanenten, oft frustrierenden Auseinandersetzung mit Sachumständen gesellschaftlicher, ökonomischer und politischer Art, zu denen auch das gegenläufige Handeln anderer gehört. Er zeigt am Beispiel der Übereinstimmung oder der Diskrepanz zwischen angestrebtem und tatsächlich erreichtem Ziel, daß historisches und politisches Handeln jeweils nur die Realisierung des Möglichen als Teilrealisierung des geforderten Noch-Nicht-Möglichen - der individuellen konkreten Utopie - bedeutet und verhindert illusionäre Ausrichtung auf die Möglichkeit einer stärker voluntaristisch als rational geprägten Gestaltung.

4. Er vermittelt Fähigkeiten des historisch-politischen Denkens an jeweils unterschiedlichen Perspektiven zu gleichen Sachverhalten, vor allem die Fähigkeiten

a) des „Erklärens“,
b) des „Verstehens“,
c) des begründeten „wertenden Urteilens“;

a) des „Erklärens“ als einer Fähigkeit, die bedingenden Strukturen im Blick auf die Möglichkeit der Realisierung von Wertvorstellungen und der Durchsetzung von Interessen zu analysieren;

b) des „Verstehens“ als einer Fähigkeit, durch temporäre Identifikation mit anderen, historischen Einzelpersonen und Gruppen deren Motive zu erschließen und zu erfahren;

c) des „wertenden Urteilens“ als einer besonders schwer zu erwerbenden und vom Lehrer besonders behutsam anzulegenden Fähigkeit, vom Stand erreichter sozialer Gesittung einer historischen Gesellschaft aus das gesellschaftliche Handeln innerhalb dieser Gesellschaft kritisch zu beurteilen und die Maßstäbe dieser Beurteilung rational zu begründen.

Dies ist ein theoretisches Konzept für einen Geschichtsunterricht in einer sich verändernden, bewußt zu verändernden und auszugestaltenden Demokratie - ein Konzept, das der empirischen Überprüfung erst noch bedarf. Es ist ein Konzept, das von der Hoffnung ausgeht, es möge verständnisvolle Lehrer finden: verständnisvoll gegenüber der Argumentation, verständnisvoll gegenüber der damit zugemuteten Rolle und verständnisvoll gegenüber mündig zu machenden jungen Menschen. Es geht von der Hoffnung aus, es möge mutige Lehrer finden: mutig genug, aufkeimender Skepsis und Resignation abzusagen und es mit diesem Konzept zu versuchen. Die Erprobung könnte fruchtbar sein - für die Schüler gewiß und dann wohl auch für die Gesellschaft.

Anmerkungen

1. Zur Situation des Geschichtsunterrichts in der Bundesrepublik

(1) W. Marienfeld und W. Osterwald, Die Geschichte im Unterricht, Düsseldorf 1966, S. 8 f.

(2) Vgl. die Zusammenstellung bei W. Marienfeld und W. Osterwald, S. 7 und die weiteren Aussagen S. 7 ff.; die Relevanz des Phänomens für den Geschichtsunterricht untersucht Kurt Fina, Geschichtsdidaktik und Auswahlproblematik. Vom Sinn des Exemplarischen im Geschichtsunterricht, München 1969, S. 13 ff. in dem Kapitel I.1: „ ‚Kapitulation vor der Geschichte'? "

(3) Kurt Gerhard Fischer, Einführung in die Politische Bildung, Stuttgart 1970, S. 32 ff.

(4) Eine Geschichte des Geschichtsunterrichts steht noch immer aus. Als Dokumentation zur Geschichte des Geschichtsunterrichts vgl. Hartwig Fiege, Der Geschichtsunterricht, Weinheim 1963; Abrisse zur Geschichte des Geschichtsunterrichts in folgenden Büchern: Hartwig Fiege, Geschichte, Düsseldorf 1969; Hans Döhn, Der Geschichtsunterricht in Volks- und Realschulen. Didaktisch-methodische Grundfragen, Hannover 1967; Wolfgang Schlegel, Der Geschichtsunterricht in der Volksschule, 2. Auflage, München 1964; vgl. auch die Schulbuchuntersuchung von Horst Schallenberger, Untersuchungen zum Geschichtsbild der Wilhelminischen Ära und der Weimarer Zeit, Ratingen 1964 und - auf den Geschichtsunterricht der Höheren Schulen bezogen - Ernst Weymar, Das Selbstverständnis der Deutschen. Ein Bericht über den Geist des Geschichtsunterrichts der höheren Schulen im 19. Jahrhundert, Stuttgart 1961

(5) Vgl. dazu das Kapitel 2.4. der vorliegenden Untersuchung

(6) Hier ist vor allem an das Fach Sozialkunde zu denken und an den Forschungsbericht von Egon Becker, Sebastian Herkommer und Joachim Bergman, Erziehung zur Anpassung? Eine soziologische Untersuchung der politischen Bildung in den Schulen, Schwalbach bei Frankfurt 1967, der eine breite, bis heute nicht zur Ruhe gekommene Diskussion entfacht hat; als Zeugnis einer radikalen Selbstkritik vgl. Klaus Peter Wallraven und Eckart Dietrich, Politische Pädagogik. Aus dem Vokabular der Anpassung, München 1970; Kritik und Neukonzeption etwa bei Kurt Gerhard Fischer, Einführung in die Politische Bildung

(7) Klaus Mollenhauer, Erziehung und Emanzipation. Polemische Skizzen, München ^{3}1970, S. 27

(8) Wilfried Gottschalch, Soziologie der politischen Bildung, Frankfurt 1970, S. 153

(9) Vgl. vor allem Rolf Schörken, Lerntheoretische Fragen an die Didaktik des Geschichtsunterrichts, in: GWU, Jhg. 21 (1970), H. 7, S. 406 ff. und Heinz Dieter Schmid, Zur Reform des Lehrplans in Geschichte, in: Zur Lehrplandiskussion. Probleme und Modelle, hrsg. von Siegfried Weinmann, Stuttgart o.J. (1970), S. 34 ff. (ähnlich in GWU 1970)

(10) Vgl. dazu die Glosse von Friedrich J. Lucas, Über den Sinn des Geschichtsunterrichts - Oder: Unsinn über den Geschichtsunterricht, in: betrifft: erziehung, Jhg. 3 (1970), Heft 6, S. 12, in der die Sprache der westdeutschen Geschichtsdidaktik unter folgendem Motto glossiert wird: „The concern with clear thinking implies an equal concern with the language in which thoughts are expressed" (George F. Kneller, Logic and Language of Education, New York 1966, S. 115 f.); die Sprache der westdeutschen Geschichtsdidaktik entspricht weitgehend dem von Theodor W. Adorno so benannten „Jargon der Eigentlichkeit"; vgl. das gleichnamige Buch, 5. Auflage, Frankfurt 1970 (edition suhrkamp 91), vor allem S. 42 ff. über den „homo mensura-Satz"

(11) Theodor W. Adorno, Erziehung nach Auschwitz, in: ders.: Stichworte. Kritische Modelle 2, Frankfurt 1969 (edition suhrkamp 347), S. 85 ff.

(12) Vgl. die Presseerklärung des Verbandes der Geschichtslehrer Deutschlands, abgedruckt in: GWU, Jhg. 21 (1970), Heft 5, S. 313: „Der Verband der Geschichtslehrer Deutschlands warnt dringend vor Bestrebungen, den Geschichtsunterricht einzuschränken oder gar abzuschaffen. Die Vertreibung der Geschichte aus der Schule würde nicht nur der jungen Generation den Zugang zu einer wesentlichen Dimension menschlichen Daseins versperren, sondern auch Erfahrungen und Denkformen verdorren lassen, die für unser gesamtes kulturelles Leben, nicht zuletzt für die Pflege der sozialen und anthropologischen Wissenschaften unentbehrlich sind"; die westdeutsche Geschichtsdidaktik hat es bisher nicht verstanden, diese „Unentbehrlichkeit" plausibel zu machen; vgl. auch den Bericht über die Tagung des Verbandes der Geschichtslehrer Deutschlands im April 1970 in Köln, auf der die obige Presseerklärung beschlossen wurde, in: betrifft: erziehung, Jhg. 3 (1970), Heft 6, S. 11 f.: „Ende großer Männer"

(13) Vgl. dazu grundsätzlich Mollenhauer, Erziehung und Emanzipation, S. 9 ff.

2. Die Personalisierung als dominierendes Element in der Theorie und Praxis des Geschichtsunterrichts

(14) Heinrich von Treitschke, Deutsche Geschichte, 8. Auflage, Leipzig 1909, Bd. 1, S. 28, hier zitiert nach Fritz Wagner, Geschichtswissenschaft, Freiburg/München 1951, S. 275

(15) Christian Meier, Entstehung des Begriffs „Demokratie" Vier Prolegomena zu einer historischen Theorie, Frankfurt 1970 (edition suhrkamp 387), S. 187

(16) Die bisher schärfste Kritik von Ludwig von Friedeburg und Peter Hübner, Das Geschichtsbild der Jugend, München 1964, ist lange Jahre übersehen oder mißachtet worden; kritisch in jüngster Zeit etwa: F.J. Lucas, Drei akute Fragen zum Geschichtsunterricht, in: GWU, Jhg. 21 (1970), Heft 7, S. 391 ff., insbesondere S. 393-395; R. Schörken, Lerntheoretische Fragen, S. 406 ff., besonders S. 411; Karl Holl, Geschichtsunterricht für eine demokratische, zukunftsorientierte Gesellschaft, in: GWU, Jhg. 21 (1970), Heft 8, S. 486 ff.; vgl. auch den Bericht von Sebastian Herkommer, Welchen Erfolg hatte die politische Bildung bisher? , in: GSE, Jhg. 12 (1967), S. 226

(17) In der Reihenfolge der Zitate:
a) „Zeiten und Menschen", Geschichtliches Unterrichtswerk, Band 3, Paderborn/Hannover 1966
b) „Damals und Heute", Band 3, Stuttgart 1965
c) „Damals und Heute", Band 4, Stuttgart 1965: hier schließen sich an die Überschrift folgende Unterkapitel an:
„Millionen Deutsche finden Beschäftigung und Brot";
„Eigenmächtig zerbricht Hitler die letzten Fesseln des Versailler Vertrags";
„Hitler sichert sich die Freundschaft (!) Italiens, Spaniens und Japans";
„Hitler zwingt Österreich zum Anschluß an Deutschland";
„Hitler gliedert das Sudetenland ein";
„Hitlers Maßlosigkeit entfesselt den Zweiten Weltkrieg";
„Unter Wort- und Vertragsbruch besetzt Hitler die Tschechoslowakei";
„Hitler sichert (!) sich gegen Polen und die Westmächte durch Verträge";
„Polen wird trotz der Warnungen aus London und Paris von Hitler überfallen".
d) Heerdt/Heumann, Unser Weg durch die Geschichte. Lese- und Arbeitsbuch für Schulen. Von der Vorgeschichte bis zum Beginn des 19. Jahrhunderts, 12. (!) Auflage, Frankfurt 1969, S. 107 f.

(18) Aufgabe und Gestaltung des Geschichtsunterrichts, hrsg. von Wolfgang Kleinknecht, Herbert Krieger und Wolfgang

Lohan, Frankfurt/Berlin/Bonn 1963 (mit der 4. Auflage identisch), S. 133, vgl. auch S. 25 und 27; die 5., 1969 erschienene Auflage, ist überarbeitet worden: Das Kapitel über die „Behandlung der historischen Persönlichkeit" ist wesentlich vorsichtiger abgefaßt, doch erscheint es legitim, hier aus der 3. bzw. 4. Auflage zu zitieren, weil sie noch jahrelang Grundlage der Lehrerfortbildung und -selbstbildung sein wird.

(19) Aufgabe und Gestaltung, S. 133 f.

(20) Aufgabe und Gestaltung, S. 134

(21) Aufgabe und Gestaltung, S. 134

(22) Döhn, S. 54

(23) Döhn, S. 144 bzw. 146

(24) Erhard Schmidt, Grundriß des Geschichtsunterrichts, Bochum o.J. (ca. 1964), S. 91

(25) Schmidt, S. 91

(26) Schmidt, S. 92

(27) Schmidt, S. 101

(28) Weitere Belege für die personalisierende Tendenz in didaktisch-methodischen Standardwerken:
Wilhelm Oltrogge, Der Geschichtsunterricht, Berlin/Hannover/Darmstadt 1958, S. 28 ff.
Helmut Christmann, Geschichtsunterricht in der Hauptschule, Bonn 1967, besonders S. 101 ff. (mit Unterrichtsbeispiel)
Fiege, Geschichte, S. 103 ff.
Stephan Metzger, Die Geschichtsstunde, Donauwörth 1970, S. 31
Eine Ausnahme bildet wohl lediglich das Buch von Marienfeld/Osterwald, das sogar stark den Beitrag der „Namenlosen" akzentuiert (besonders S. 32).

(29) Vgl. etwa Richtlinien für die bayerischen Volksschulen (= Amtsblatt des Bayerischen Staatsministeriums für Unterricht und Kultus, 1966, Nr. 15, ausgegeben in München am 5. Juli 1966), S. 224; Lehrplan für die Hauptschule in Rheinland-Pfalz, Grünstadt o.J. (1968), S. 44;
Richtlinien und Stoffpläne für das Fach Geschichte, hrsg. vom Minister für Kultus, Unterricht und Volksbildung des Saarlandes, September 1969 (hektographiert), S. 2

(30) Richtlinien und Stoffpläne Saarland, S. 2

(31) Vgl. die Fragestellung bei Friedrich Meinecke, Persönlichkeit und geschichtliche Welt, in: ders., Zur Theorie und Philosophie der Geschichte, Stuttgart 1959: Einerseits fragt Meinecke nach der „Bedeutung der Persönlichkeit für die geschichtliche Welt", andererseits stellt er die - didaktische - Frage nach der „Bedeutung der geschichtlichen Welt für die Bildung der Persönlichkeit" (S. 31 ff.); vgl. auch Theodor Schieder, Die Idee der Persönlichkeit und ihr geschichtliches

Schicksal in den letzten anderthalb Jahrhunderten, in: GWU, Jhg. 3 (1952), S. 193 ff.; Schieder, Strukturen und Persönlichkeiten in der Geschichte, in: ders., Geschichte als Wissenschaft. Eine Einführung. München/Wien 1965, S. 157 ff.; Sidney Hook, Der Held in der Geschichte. Eine Untersuchung seiner Grenzen und Möglichkeiten, Nürnberg 1951

(32) Vgl. die Angaben über Meinecke in Anmerkung 31)

(33) Theodor W. Adorno, Was bedeutet: Aufarbeitung der Vergangenheit? , in: GSE, Jhg. 5 (1960), Heft 1, S. 11

(34) Thomas Carlyle, Über Helden, Heldenverehrung und das Heldentümliche in der Geschichte. Erste Vorlesung (1841), deutsch z.T. in: Fritz Stern (Hrsg.), Geschichte und Geschichtsschreibung, München 1965, S. 105 ff.; hier zitiert nach: Thomas Carlyle, Sartor Resartus and on Heroes, Hero-Worship, and the Heroic in History, London 1904

(35) Carlyle, S. 11: „the great man, with his free force . . .“; S. 1: „. . . Universal History, the history of what man has accomplished in this world, is at bottom the History of the Great Man who have worked here. They were the leaders of men, these great ones; the modellers, patterns, and in a wide sense creators . . .“; S. 11: „The History of the World, I said already, was the Biography of Great Men“.

(36) Carlyle, S. 10 ff., bes. S. 12

(37) Carlyle, S. 1

(38) Carlyle, S. 12

(39) Schieder, Strukturen und Persönlichkeiten, S. 159

(40) Vgl. Anmerkung 14) und folgende Äußerung Treitschkes: „Sowenig sich die Geschichte als ein dialektischer Prozeß verstehen läßt, ebensowenig kann der allerwirklichste Wille, der auf Erden besteht, der Wille des Staates verdrängt werden durch die unbestimmte Vorstellung einer allumfassenden Volksseele, oder die leibhaftige Persönlichkeit der handelnden Männer durch die mehr oder minder abstrakten Begriffe von sozialen Gegensätzen und wirtschaftlichen Interessen“ (zitiert nach: Wagner, Geschichtswissenschaft, S. 276).

(41) Friedrich Nietzsche, Vom Nutzen und Nachteil der Historie für das Leben, (Reclam) Stuttgart 1967, S. 75

(42) Nietzsche, Vom Nutzen und Nachteil, S. 14 ff.

(43) Für Spengler war das Auftauchen der „Massen“ Symbol der Spätzeit, Vorbote des „Untergangs des Abendlandes: „Es ist der formlos in den großen Städten fluktuierende Pöbel anstelle des Volkes, die wurzellose städtische Masse . . .“ (I, 502) oder: „Die Masse ist das Ende, das radikale Nichts“ (II, 445): Spengler, Untergang des Abendlandes - Umrisse einer Morphologie der Weltgeschichte, Bd. I, München 1920, Bd. II, München 1922; Ortega y Gasset sprach vom „Aufstand der Massen“ in seinem gleichnamigen, kulturpessimistisch-elitär orientierten Buch.

(44) Vgl. dazu die Ausführungen und Zeugnisse bei Wagner, Geschichtswissenschaft, S. 233-279; zu nennen sind hier namentlich vor allem die Schüler von Auguste Comte, Thomas Buckle und Hippolyte Taine, sowie François Guizot, Augustin Thierry und Mignet; vgl. hierzu und zum folgenden ausführlich Schieder, Strukturen und Persönlichkeiten, S. 164 ff.

(45) Vgl. dazu die Ausführungen über den „nomologischen" Ansatz bei Marx in der Interpretation von Helmut Fleischer, Marxismus und Geschichte, Frankfurt 1969 (edition suhrkamp 323), S. 37 ff.; im übrigen geht es hier lediglich um die Darstellung eines Denkens, „das in Marx und Engels nur seine konsequentesten Vertreter, keineswegs seine einzigen besitzt" (Schieder, S. 165).

(46) „Dies sind die großen Menschen in der Geschichte, deren eigene partikuläre Zwecke das Substantielle enthalten, welches Wille des Weltgeistes ist. Sie sind insofern H e r o e n zu nennen, als sie ihre Zwecke und ihren Beruf nicht bloß aus dem ruhigen, geordneten, durch das bestehende System geheiligten Lauf der Dinge geschöpft haben, sondern aus einer Quelle, deren Inhalt verborgen und nicht zu einem gegenwärtigen Dasein gediehen ist, aus dem innern Geiste, der noch unterirdisch ist, der an die Außenwelt wie an die Schale pocht und sie sprengt, weil er ein anderer Kern als der Kern dieser Schale ist, - die also aus sich zu schöpfen scheinen und deren Taten einen Zustand und Weltverhältnisse hervorgebracht haben, welche nur i h r e Sache und i h r Werk zu sein scheinen": G.W.F. Hegel, Werke in 20 Bänden, Bd. 12: Vorlesungen über die Philosophie der Geschichte, Frankfurt 1970, S. 45 f.; vgl. auch S. 46 über „das Schicksal dieser welthistorischen Individuen, welche den Beruf hatten, die Geschäftsführer des Weltgeistes zu sein"

(47) Karl Marx, Der 18. Brumaire des Louis Bonaparte, in: Marx/Engels, Werke, Bd. 8, Berlin 1960, S. 115

(48) so Fleischer, Marxismus und Geschichte, S. 40

(49) Fleischer, Marxismus und Geschichte, S. 41

(50) Friedrich Engels, Brief an Bloch vom 21. September 1890, abgedruckt in: Friedrich Engels, Ludwig Feuerbach und der Ausgang der klassischen deutschen Philosophie, Leipzig o.J. (1946), S. 57 f.; ähnlich ebenda, S. 39 f.

(51) Friedrich Engels, Brief an W. Borgius vom 25. Januar 1894, in: Marx/Engels, Werke, Bd. 39, Berlin 1968, S. 206

(52) Vgl. Georgij Plechanow, Über die Rolle der Persönlichkeit in der Geschichte (1898), hier zitiert nach der Reclam-Ausgabe Leipzig o.J., S. 43: „Es ergibt sich, daß die Persönlichkeiten kraft der gegebenen Besonderheiten ihres Charakters die Geschichte der Gesellschaft beeinflussen können. Mitunter ist dieser Einfluß sogar recht beträchtlich, aber sowohl die Möglichkeit einer solchen Beeinflussung selbst als auch

ihr Ausmaß werden durch die Organisation der Gesellschaft, durch das Wechselverhältnis ihrer Kräfte bestimmt. Die Charaktereigenschaften der Persönlichkeit sind nur dann, nur dort und nur insofern ein ‚Faktor' der gesellschaftlichen Entwicklung, wann, wo und inwiefern die gesellschaftlichen Beziehungen ihnen erlauben, es zu sein" - oder S. 46: „Ein großer Mann ist nicht dadurch groß, daß seine persönlichen Besonderheiten den großen geschichtlichen Geschehnissen ein individuelles Gepräge verleihen, sondern dadurch daß er Besonderheiten besitzt, die ihn am fähigsten machen, den großen gesellschaftlichen Bedürfnissen seiner Zeit zu dienen . . ."

(53) Vgl. Plechanow, Über die Rolle der Persönlichkeit, S. 64 f.; vgl. auch die Ausführungen über „absolute" und „menschliche" Freiheit bei dem polnischen Marxisten Adam Schaff, Marx oder Sartre? , Wien 1964, S. 86 f.

(54) Bertolt Brecht, Fragen eines lesenden Arbeiters, in: ders., Werke in 20 Bänden, Bd. 9, Frankfurt 1967, S. 656 f.

(55) Walter Benjamin, Geschichtsphilosophische Thesen, in: ders., Zur Kritik der Gewalt und andere Aufsätze, Frankfurt 1965 (edition suhrkamp 103), S. 82

(56) Benjamin, Geschichtsphilosophische Thesen, S. 83

(57) Zur „Standortgebundenheit des Historikers" vgl. grundsätzlich Theodor Litt, Der Historismus und seine Widersacher, in: ders., Die Wiedererweckung des geschichtlichen Bewußtseins, Heidelberg 1956; dazu Barbara Bracht, Geschichtliches Verstehen und geschichtliche Bildung - ihr Wesen und ihre Aufgaben nach der Auffassung Theodor Litts, Wuppertal 1968, S. 23 ff.

(58) Vgl. Litt, Historismus und seine Widersacher, S. 34 ff.: „Die Geschichte und ihre Akteure"

(59) Litt, Historismus und seine Widersacher, S. 35

(60) So der Titel des von F.J. Lucas konzipierten Geschichtswerkes in 6 bzw. 4 Bänden, Stuttgart 1965: Der Titel zeigt, daß das Werk dem Historismus verpflichtet ist; inhaltlich wurde den „Namenlosen" so viel Raum gelassen wie in keinem anderen westdeutschen Geschichtswerk; vgl. dazu auch die grundsätzlichen Ausführungen von Lucas, in: GWU, Jhg. 16 (1965), Heft 5, S. 285 ff. „Zur Geschichts-Darstellung im Unterricht" und in: GWU, Jhg. 21 (1970), Heft 7, S. 391 ff. „Drei akute Fragen zum Geschichtsunterricht";

(61) Reinhard Wittram, Anspruch und Fragwürdigkeit der Geschichte, Göttingen 1969, S. 94

(62) Vgl. die Ausführungen von James Joll, Die Anarchisten, Frankfurt/Berlin 1966, S. 7 über den „Erfolgskult der Historiker"; ähnlich neuerdings und auf die Behandlung der Geschichte im Unterricht bezogen - Holl, Geschichtsunterricht, S. 491 f.

(63) Diese Konzeption von Geschichte und ihre didaktischen Konsequenzen können hier nicht in extenso dargelegt werden; der Verfasser verdankt sie wesentlich F.J. Lucas, dem es vorbehalten bleiben muß, seine geschichtstheoretisch fundierte didaktische Theorie zu veröffentlichen.

(64) Vgl. die bei Gottschalch, Soziologie der politischen Bildung, Seite 155 angesprochene „Einsicht in den historischen Prozess".

(65) Zur Geschichte des Geschichtsunterrichts vgl. Anmerkung 4); speziell zum hier angesprochenen Sachverhalt der Fürstenerziehung vgl. Fiege, Geschichte, S. 27 f., S. 42 f., Döhn, S. 37

(66) Abgedruckt in Fiege, Geschichtsunterricht, S. 68, und in Fiege, Geschichte, S. 30

(67) Zitiert nach Fiege, Der Geschichtsunterricht, S. 71

(68) Vgl. dazu die Auszüge bei Fiege, Der Geschichtsunterricht, S. 59 ff. und Weymar, Das Selbstverständnis der Deutschen, S. 19 ff., 102, 111 f., 114 f.

(69) Erstes Regulativ betr. den Seminarunterricht, zitiert nach Giese, Quellen zur deutschen Schulgeschichte seit 1800, Göttingen 1961, S. 150

(70) zitiert nach Giese, S. 194 f.

(71) Verordnung des Königlichen Staatsministeriums vom 27. Juli 1889, hier zitiert nach Wilhelm Hering, Methodik des Geschichtsunterrichts in der Preußischen Volksschule, Leipzig 1907, S. 19 f.

(72) Theodor W. Adorno, Glosse über Persönlichkeit, in: ders., Stichworte. Kritische Modelle 2, Frankfurt 1969, S. 53

(73) Vgl. Schallenberger, Untersuchungen, S. 69 f.

(74) Karl Biedermann, Der Geschichtsunterricht auf Schulen nach kulturgeschichtlicher Methode (1885), hier zitiert nach: Erich Weniger, Neue Wege im Geschichtsunterricht, 2. Auflage, Frankfurt 1957, S. 31 f.

(75) Vgl. dazu die Bemerkungen von Dietfried Krause-Vilmar in der Sammelbesprechung neuerer Literatur zum deutschen Jakobinismus, in: Das Argument Nr. 57, 12. Jhg. (1970), S. 239; vgl. über die „Preußische Schule" insgesamt neuerdings Georg G. Iggers, Deutsche Geschichtswissenschaft. Eine Kritik der traditionellen Geschichtsauffassung von Heder bis zur Gegenwart, München 1971, S. 120 ff.; vgl. hierzu auch die Passage bei Georg Lukacs, Die Zerstörung der Vernunft, Neuwied 1962 (= Bd. 9 der Werke von G.L.), S. 57: „Das Axiom der deutschen Geschichtsschreibung: ‚Männer machen die Geschichte' ist nur die historisch-methodologische Kehrseite der preußisch-bürokratischen Auffassung vom ‚beschränkten Untertanenverstand', von der Proklamation nach der Schlacht von Jena: ‚Ruhe ist die erste Bürgerpflicht'. In beiden Fällen ist es die ‚Obrigkeit' allein, die handelt, und

zwar auf der Grundlage einer intuitiven Auffassung an sich irrationaler Tatbestände; der gewöhnliche Sterbliche, der ‚Massenmensch', der Untertan ist entweder der willenlose Handlanger oder das Objekt oder der staunende Betrachter dieser Handlungen der dafür einzig berufenen. . . . Diese weitverbreiteten Tendenzen der durchschnittlichen deutschen Geschichtsbetrachtung werden verstärkt durch die Publizität jener Kreise, die ihre Interessen durch eine Parlamentarisierung Deutschlands gefährdet sehen und deshalb das ‚persönliche Regime' der Hohenzollern . . . als den allein heilsamen Weg des deutschen Volkes propagieren".

(76) Über die Auseinandersetzung zwischen Karl Lamprecht und der traditionellen, individualisierend-beschreibenden Geschichtsauffassung des Historismus vgl. neuerdings ausführlich Iggers, Deutsche Geschichtswissenschaft, S. 256 ff. (dort auch weitere Lit.)

(77) Zu Plechanow vgl. Anmerkung 52); kritisch zu Plechanow Hook, Der Held in der Geschichte, S. 94 ff.; zu dem in der BRD nahezu unbekannten Franz Mehring vgl. Fred Oelssner in: Franz Mehring, Historische Aufsätze zur preußisch-deutschen Geschichte, 2. Aufl., Berlin 1946, S. III ff.

(78) Vgl. dazu Schallenberger, Untersuchungen, S. 177 ff. (über die Personalisierung in den Geschichtsbüchern der Weimarer Zeit).

(79) So Wilhelm Rödiger, Geschichte. Ziel, Stoff und Weg, Leipzig 1934, S. 56 f.

(80) Adorno, Glosse über Persönlichkeit, S. 53

(81) Vgl. dazu Herkommer, Welchen Erfolg hatte die politische Bildung bisher? , S. 230 ff.

(82) Vgl. Anmerkungen 16) bis 30)

(83) Max Horkheimer, Bemerkungen zur philosophischen Anthropologie (1935), in: ders., Kritische Theorie der Gesellschaft, Bd. 1, Frankfurt 1968, S. 202; vgl. auch den Aufsatz von Horkheimer, Geschichte und Psychologie, ebenda, S. 9 ff.

(84) Besonders: Heinrich Roth, Kind und Geschichte. Psychologische Voraussetzungen des Geschichtsunterrichts in der Volksschule, München 1955 und viele weitere Auflagen, zuletzt 5., ergänzte Auflage, München 1968, und Waltraud Küppers, Zur Psychologie des Geschichtsunterrichts, Bern/Stuttgart 1961

(85) Vgl. außer den in Kap. 2.1. gemachten Angaben folgende Passagen in den einschlägigen Büchern:
Döhn, S. 55 ff.; Fiege, Geschichte, S. 68 ff.; Aufgabe und Gestaltung, S. 17 ff.; Schmidt, Grundriß, S. 40 ff.; Metzger, S. 26 ff.; Hans Ebeling, Didaktik und Methodik eines kind-, zeit- und sachgemäßen Geschichtsunterrichts, Hannover 1965, S. 41 ff. Reinhard Mielitz (Hrsg.), Das Lehren der Geschichte,

Göttingen 1969, S. 12; - in allen Büchern begegnet eine merkwürdig unkritische Übernahme der Befunde und Postulate der Psychologie

(86) Bildungspläne für die Volksschulen Baden-Württembergs, Villingen o.J. (1958), S. 75 (Hervorhebung durch den Verf.)

(87) Vgl. Anmerkungen 29) bis 30)

(88) Fritz Kaiser, Die Behandlung Friedrich Barbarossas im 6. Schuljahr der Hauptschule, in: Mielitz, Das Leben der Geschichte, S. 12; kritisch dazu Schörken, S. 409 f.

(89) Roth, S. 85 im Rückgriff auf ähnliche Behauptungen Petzelts

(90) Vgl. Anmerkung 89)

(91) Küppers, S. 49-55, S. 59 f.

(92) Küppers, S. 95

(93) Küppers, S. 120 ff.

(94) Küppers, S. 120 f.

(95) Küppers, S. 121 f.

(96) Küppers, S. 96

(97) Roth, S. 109 f.; ähnlich Küppers, S. 127 f.

(98) Döhn, S. 143 f.

(99) Schmidt, Grundriß, S. 101

(100) Küppers, S. 125; vgl. auch folgende Passage bei Küppers, S. 128: „Die Zucht, die Systematik, die Folgerichtigkeit des Denkens zu üben, ist vorwiegend die Aufgabe der mathematisch-naturwissenschaftlichen Fächer, im historischen Gebiet heißt es letztlich ebenso wie im religiösen und künstlerischen Bereich: dem seelischen Organismus Nahrung zu geben, die emotionale und wertehungrige Schicht des jungen Menschen wachsen zu lassen, zu prägen und zu bilden, d.h. mit anderen Worten, stärker als intellektuelle Erziehung hier Charaktererziehung bewirken zu wollen“

(101) So Lucas, Drei akute Fragen, S. 393; ebenda Kritisches zur Methodologie der Rothschen Untersuchung

(102) Schörken, Lerntheoretische Fragen, S. 410: „Es ist offenbar nicht überflüssig, trotz der weiten Verbreitung moderner Erkenntnisse über Begabung und Lernen noch einmal darauf hinzuweisen, daß die Entwicklungspsychologie, die sich als biologische Präformationslehre versteht, heute wissenschaftlich nicht mehr anerkannt wird“

(103) Vgl. dazu Friedrich Bäumler, Gedanken zum Problem der Lehrplanforschung aus der Sicht der Pädagogischen Psychologie, in: Zur Lehrplandiskussion, S. 5 ff.

(104) Schörken, Lerntheoretische Fragen, S. 410

(105) Döhn, S. 144

(106) Bäumler, S. 5 ff.; vgl. vor allem die einschlägigen Gutachten in: Heinrich Roth (Hrsg.), Begabung und Lernen. Ergebnisse und Folgerungen neuer Forschungen (= Deutscher Bildungsrat. Gutachten und Studien der Bildungskommission, Bd. 4), besonders die Gutachten von Aebli (151 ff.), Bergius (229 ff.),

Mollenhauer (269 ff.), Oevermann (297 ff.), Stuttgart 1968

(107) Vgl. dazu Rolf Oerter, Moderne Entwicklungspsychologie, 6. Auflage, Donauwörth 1970, S. 20 ff.

(108) Oerter, S. 21

(109) Klaus Mollenhauer, Sozialisation und Schulerfolg, in: Begabung und Lernen, S. 270

(110) Mollenhauer, Sozialisation und Schulerfolg, S. 271

(111) Grundlegend für die Forschung: F. Greenstein, Children and Politics, New Haven and London, 1965; vgl. an dt. Literatur: Günter C. Behrmann, Politische Sozialisation in den USA und Politische Bildung in der Bundesrepublik, in: GSE, Jhg. 14 (1969), S. 145 ff.; Friedhelm Nyssen, Kinder und Politik. Überlegungen und empirische Ergebnisse zum Problem der politischen Sozialisation, in: betrifft: erziehung, Jhg. 3 (1970), Heft 1

(112) Zur Problematik des hier verwandten Schichtenbegriffs vgl. die grundsätzlichen Ausführungen bei Ulrich Oevermann, Schichtenspezifische Formen des Sprachverhaltens und ihr Einfluß auf kognitive Prozesse, in: Begabung und Lernen, S. 302 ff. (Kap. 9.2: „Zur Charakterisierung des Bedingungsfaktors ‚Soziale Schicht' ")

(113) Vgl. dazu allgemein Oevermann, S. 297 ff. und im besonderen Oskar Negt, Soziologische Phantasie und exemplarisches Lernen. Zur Theorie der Arbeiterbildung, Frankfurt 1968, S. 48

(114) Negt, S. 48 ff. (innerhalb des Kapitels „Die Funktion der sozialen Topik") und S. 78

(115) Die bisherige geschichtsdidaktische Standardliteratur hat noch keine tragfähige Konzeption für eine Hinführung zur Geschichte in der Grundschule vorgelegt, sondern sich in ihren Aussagen lediglich an temporären Bedürfnissen und Interessen von Schülern orientiert. In der gegenwärtigen Diskussion um die Grundschulreform tauchen Lernziele aus dem Bereich der Geschichte selten auf: die gegenwärtige Diskussion spiegelt damit ein allgemein zu beobachtendes Desinteresse am Geschichtlichen ebenso wie die Rückständigkeit der gegenwärtigen Geschichtsdidaktik. Zur ersten Information vgl. Gabriel Ott, Zeitlichkeit und Sozialität. Didaktik der Geschichte und der Politik in ihren anthropologischen Bezügen, München 1969

(116) Vgl. die einschlägigen Kapitel zum „Propädeutischen Geschichtsunterricht" oder „Vorkurs" im 5. und 6. Schuljahr in den geschichtsdidaktischen Standardwerken

(117) Vgl. dazu Roth, S. 69 f.; tabellarische Zusammenstellung der Ergebnisse von Roth und Küppers bei Ebeling, S. 48 f. und S. 52 f.

(118) Küppers, S. 95 f.

(119) Roth, S. 69

(120) Roth, S. 70

(121) Vgl. dazu Ernst Blochs „Prinzip Hoffnung"

(122) Fiege, Geschichte, S. 95 ff.; Roth, S. 71 f.
Döhn, S. 186; vgl. auch die Ausführungen über den Stellenwert der Heldensage in den amtlichen Richtlinien bei Fiege, Geschichte, S. 95 f.

(123) Fiege, Geschichte, S. 97; ähnlich Döhn, S. 186

(124) Vgl. dazu die kritischen Ausführungen in: Lászlo Vincze und Flóra Vincze, Die Erziehung zum Vorurteil. Kritik an der Kinderpsychologie, Wien/Köln/Stuttgart/Zürich 1964, S. 15 ff.

(125) Vgl. einschlägige Hinweise in der geschichtsdidaktischen Standardliteratur sowie in den Richtlinien der Bundesländer

(126) Vgl. Fiege, Geschichte, S. 100; vgl. kritisch zur Sage vor allem: Kurt Reiche, Die Hinführung des Kindes zur Geschichte - Der geschichtliche Vorkurs der Unterstufe, in: GWU, Jhg. 3 (1952), S. 97 ff.

(127) Vgl. Oerter, S. 19 ff. und Friedeburg/Hübner, S. 14; vgl. auch Arno Kosellek, Zur Didaktik des Geschichtsunterrichts (1960), neu abgedruckt in: Detlev C. Kochan (Hrsg.), Allgemeine Didaktik - Fachdidaktik - Fachwissenschaft, Darmstadt 1970, der den „Abbau des naiven Geschichtsbildes" fordert (S. 247 f.): „Unsere geschichtlichen Vorstellungen bleiben noch lange durchwirkt von der Märchen- und Sagenwelt. Die großen Handelnden behalten etwas von der magischen Stärke der Sagenhelden. Und wenn der Erwachsene den Anspruch glaubt, daß dem in der Geschichte Handelnden nichts unmöglich wäre, wenn er nur rücksichtslos will, dann lebt er in der Welt der Sage, auch dann, wenn er darauf vertraut, daß Mut und Tapferkeit den Sieg erzwingen könnten gegen eine Übermacht und die nüchternen Zahlen der Rüstungsproduktion" (S. 247)

(128) Gottschalch, S. 161

(129) Schörken, S. 410

(130) So Döhn, S. 144; ähnlich Schmidt, S. 84, 99, 101; die folgenden Ausführungen sind stark orientiert an der geschichtsdidaktischen Theorie von F.J. Lucas, dessen „Grundriß der Geschichtsdidaktik" bislang leider nur als vervielfältigtes Manuskript zur Vorlesung vorliegt

(132) Christian Meier, Was soll uns heute noch die alte Geschichte, in: ders., Entstehung des Begriffs „Demokratie", S. 166: „Gerade mit den wichtigsten unserer Erkenntnisse also geraten wir leicht in die Isolation. Nachdem das Hineindenken - und auch Einfühlen - in die ganz individuelle Eigenart der Zeiten und Phänomene eine bestimmte bewundernswerte Tiefe erreicht hat, wird das ‚Wiederhinausdenken' zum Problem"

(133) Vgl. etwa Döhn, S. 144, S. 145 oder Küppers, S. 96;

kritisch Kosellek, S. 243: „Also schon das Handeln einer Gruppe muß zum Verstehen gebracht werden. Aber diese handelt politisch, d.h. mit der Absicht, innerhalb eines Raumes, einer Institution, einer Ordnung ihren Willen zur Herrschaft zu bringen. Wie fern liegen dem Kind solche Vorstellungen! Es deutet sich politische Gemeinschaft, Gegensätze, Kämpfe doch zumeist als Wirkung persönlicher Freundschaft und Feindschaft, von Beleidigung und Rache. Nur langsam und nicht ohne Pflege und nicht alle Kinder gehen von dieser kindlichen zur geschichtlichen Deutung der Vorgänge über" - auf eben diese Pflege aber muß es im Geschichtsunterricht ankommen, nicht auf die Verstärkung der „kindlichen" Deutung!

(134) Vgl. dazu Hans-Ulrich Wehler, Zum Verhältnis von Geschichtswissenschaft und Psychoanalyse, in: HZ, Bd. 208 (1969), S. 549: „Nicht Hitlers individuelle Psychopathologie ist das eigentliche Problem, sondern der Zustand der Gesellschaft, die ihn aufsteigen und bis zum April 1945 herrschen ließ" - vgl. dies mit der unter Anmerkung 97) zitierten Passage Roths!

(135) Nach Lucas, Grundriß der Geschichtsdidaktik

(136) Etwa Schmidt, S. 94 f.: „Gut und Böse", „Laster", „Mosaik menschlicher Tugenden und Fehler", „dunkle Welt des Bösen"; oder Döhn, S. 146: „die Sünde und das Böse"; oder Aufgabe und Gestaltung, S. 134: „das Gute unheimlich mit dem Schlechten vermischt"; man ersetze jeweils das „Gute" oder „Böse" je nach politischer Gesinnung durch Begriffe wie Sozialismus, Kapitalismus, Kommunismus, Liberalismus usw. und man erkennt die Manipulierbarkeit

(137) In fast allen Richtlinien; außerdem etwa bei Döhn, S. 145; Schmidt, S. 93 f.; Fiege, S. 104

(138) Vgl. Anmerkung 16)

(139) Vgl. Friedeburg/Hübner, S. 10 ff.; vgl. auch Herkommer, Welchen Erfolg hatte die politische Bildung bisher? , S. 226 f.

(140) Vgl. Friedeburg/Hübner, S. 10 ff.

(141) Friedeburg/Hübner, S. 15 f.

(142) Vgl. die Ausführungen von Friedeburg/Hübner über „anthropomorphe Bezugskategorien", S. 10 ff.

(143) Vgl. Negt, S. 48 ff.

(144) Vgl. Herkommer, S. 230 ff.; Franz Heinisch, Politische Bildung - Integration oder Emanzipation? , in: Erziehung in der Klassengesellschaft. Einführung in die Soziologie der Erziehung, München 1970, S. 162

(145) Vgl. dazu vor allem die laufende Diskussion in GWU und vor allem die unter Anmerkung 9) genannten Ansätze
(146) Ohne eine solche Verbindung mit einer kritischen Theorie der Gesellschaft würde Geschichte im Unterricht zur antiquarischen Geschichte und/oder zu einem Fach mit objektiv affirmativer Funktion;
(147) Bertold Brecht, Gesammelte Werke, Bd. 3, Frankfurt 1967, S. 1007 (aus dem Stück „Die Rundköpfe und die Spitzköpfe")
(148) Christian Meier, Die Wissenschaft des Historikers und die Verantwortung des Zeitgenossen, in: ders., Die Entstehung des Begriffs „Demokratie", S. 212 f.
(149) Meier, Die Wissenschaft des Historikers, S. 213
(150) Musterbeispiel dafür ist der Aufsatz von Meier, Die Wissenschaft des Historikers, speziell die Passagen auf S. 187 und S. 212 ff.; vgl. auch Wehler, Zum Verhältnis, S. 532
(151) Nach Lucas, Grundriß der Geschichtsdidaktik, Kapitel 4.1. „Der Situationsbezug als Auswahlkriterium": „Eine gesellschaftlich organisierte intentionale geschichtliche Bildung, der Geschichtsunterricht, kann sich mithin konsequenterweise weder am rein individuellen Interesse eines einzelnen Forschers noch an den rein individuellen Vorlieben eines einzelnen Geschichtslehrers noch auch an den vorübergehenden entwicklungsbedingten Interessen eines individuellen Schülers bzw. einer bestimmten Klasse ausrichten, weil alle drei bestenfalls Teilaspekte der Problematik repräsentieren, die unsere Gesellschaft hier, heute und für die absehbare Zukunft zu lösen hat. ... Der öffentliche Geschichtsunterricht muß also jene Probleme zum Ausgangspunkt nehmen, die das gesellschaftliche Kollektiv in seiner jeweiligen Situation vordringlich angehen"
(152) Kosellek, S. 235
(153) Wehler, Zum Verhältnis von Geschichtswissenschaft und Psychoanalyse, S. 532
(154) Vgl. Anmerkung 153)
(155) So die Tendenz bei Wehler
(156) Hans-Ulrich Wehler, Krisenherde des Kaiserreichs 1871-1918. Studien zur deutschen Sozial- und Verfassungsgeschichte, Göttingen 1970, S. 9
(157) Wehler, Zum Verhältnis von Geschichtswissenschaft und Psychoanalyse
(158) Vgl. Max Weber, Gesammelte Aufsätze zur Wissenschaftslehre, Tübingen 1951, S. 254 ff,; vgl. dazu auch die Ausführungen von Detlef Junker, Über die Legitimität von Werturteilen in den Sozialwissenschaften und der Geschichtswissenschaft, in: HZ, Bd. 211 (1970), S. 7 ff. über die „Wertbeziehung" bei Max Weber; vgl. auch die auf Benedetto Croce,

Theodor Litt und vor allem Max Weber rekurrierende wissenschaftstheoretische Analyse von Lucas, Zur Geschichts-Darstellung im Unterricht, S. 290 ff.

(159) Vgl. Wehler, Krisenherde, S. 9; vor allem Iggers, Deutsche Geschichtswissenschaft, S. 198 ff.

(160) Nach Lucas, Grundriß der Geschichtsdidaktik, und zitierte Aufsätze, dazu der Aufsatz: Der Beitrag des Geschichtsunterrichts zur Politischen Bildung, in: GSE, Jhg. 11 (1966), H. 5, S. 384 ff.

(161) J. Huizinga, Über eine Definition des Begriffes Geschichte, in: ders., Geschichte und Kultur, Stuttgart o.J., S. 13: „Geschichte ist die geistige Form, in der sich eine Kultur über ihre Vergangenheit Rechenschaft gibt"

(162) Vgl. Anmerkungen 146) und 151)

(163) Vgl. dazu - unmittelbar auf den Geschichtsunterricht bezogen - Holl, Geschichtsunterricht für eine demokratische, zukunftsorientierte Gesellschaft, der allerdings an einem recht statischen Demokratiebegriff festhält; die gesellschaftliche Relevanz des Problems ist im übrigen leicht aus der politologischen und soziologischen Diskussionsliteratur zu ersehen

(164) Mollenhauer, Erziehung und Emanzipation, S. 10

(165) Mollenhauer, Erziehung und Emanzipation, S. 11

(166) Vgl. dazu die Beiträge und Bibliographie in: Erziehung in der Klassengesellschaft

(167) Bertold Brecht, Gesammelte Werke, Bd. 9, S. 503

(168) Klaus Mollenhauer, Jugend und Schule im Spannungsfeld gesellschaftlicher Widersprüche, in: ders., Erziehung und Emanzipation, S. 102

(169) Gottschalch, Soziologie der politischen Bildung, S. 155

(170) Vgl. Bernhard Stohr, Methodik des Geschichtsunterrichts, Berlin (-Ost) [3]1968, S. 235 ff.; zur theoretisch-dogmatischen Grundlage vgl.: Grundlagen des Marxismus-Leninismus. Lehrbuch. Nach der 2., überarbeiteten und ergänzten russischen Ausgabe, Berlin (-Ost) 1963, S. 204 ff., Kapitel 6: „Die Rolle der Volksmassen und der Persönlichkeit in der Geschichte"

(171) So beispielsweise in: „Menschen in ihrer Zeit", Bd. 2 der vierbändigen Ausgabe, Stuttgart 1968, S. 71

(172) Vgl. etwa die bei Christmann, S. 101 ff. dargestellte Unterrichtsskizze „Der Imperialismus (Unterrichtseinheit über die Rolle der Persönlichkeit)", die fast sämtliche Klischees des personalisierenden Geschichtsunterrichts enthält: Ausgangspunkt: „Die psychologischen Erkenntnisse haben bestätigt, daß bei Schülern und Jugendlichen ‚das Interesse an großen Ereignissen und großen Personen deutlich vorherrscht' (Roth). Die Bildungspläne der deutschen Länder haben daraus auch die Folgerungen gezogen; viele Lehrer

berücksichtigen diesen wichtigen Gedanken aber mehr im Geschichtsunterricht des 5. und 6. Schuljahres" (101). Für die Zeit des Imperialismus stellt C. fest: „Ein historischer Held, wie er im Mittelalter so leicht aufzutreiben ist, findet sich kaum. Und doch gibt es sie auch jetzt noch! Denken wir an Cecil Rhodes, Lesseps, Peters und andere" (101 f.). Über Lesseps: „Wie dieser Mann mit den enormen Schwierigkeiten fertigwurde, stellt ihn an die Seite der anderen historischen Helden; noch dazu war es ein Werk des Friedens" ... (102). Zu Rhodes die fast liebevolle Bemerkung: „Auch Cecil Rhodes ist einer der ‚old men' des britischen Imperialismus" (103). Dann die - offenbar unvermeidliche - Rechtfertigung des Imperialismus aus „höherer Sicht": „Es muß dem Schüler aber auch klar werden, wie sehr diese Weltherrschaft des weißen Mannes dazu beigetragen hat, das 20.Jahr-Hundert vorzubereiten und die Unterschiede auf der Erde zu nivellieren, die ‚Eine Welt' zu schaffen" (105); und schließlich der Schlußsatz: „Entscheidend aber blieb auch hier die Persönlichkeit!" (105).

(173) In: „Menschen in ihrer Zeit", Bd. 5, S. 102 f. und im zugehörigen Lehrerheft S. 48 f.

(174) Vgl. dazu Holl, S. 490 f.

(175) Joll, S. 7

(176) Vgl. Anmerkung 175)

(177) Dem Satz von Walter Benjamin folgend: „Der Chronist, welcher die Ereignisse hererzählt, ohne große und kleine zu unterscheiden, trägt damit der Wahrheit Rechnung, daß nichts, was sich jemals ereignet hat, für die Geschichte verloren zu geben ist". (Benjamin, Geschichtsphilosophische Thesen, S. 79)

(178) Meier, Die Wissenschaft des Historikers, S. 213

(179) Meier, S. 214;

(180) Meier, S. 214; vgl. auch S. 217

(181) Schieder, Geschichte als Wissenschaft, S. 106

(182) Meier, S. 215; das Problem wird noch genauer zu betrachten sein

(183) Meier, S. 217

(184) Meier, S.216 f.

(185) Vgl. Holl, S. 490 f.

(186) andeutungsweise in: Zur Geschichts-Darstellung im Unterricht, S. 294; explizit im: Grundriß der Geschichtsdidaktik, Kap. 3.2.1

(187) Zur Geschichtserzählung im Unterricht vgl. die einschlägigen Kapitel in den didaktisch-methodischen Standardwerken; kritisch - endlich - Uta Wernicke, Zur Praxis der Geschichtserzählung in der Mittelstufe, in: GWU, Jhg. 21 (1970), H. 8, S. 494 ff.

(188) Zu diesem Sachverhalt kritisch Lucas, Zur Geschichts-Dar-

stellung im Unterricht, vor allem S. 294 f.

(189) Vgl. die von Ebeling vorgelegten „Geschichten aus der Geschichte", 3 Bde., Braunschweig 1965; die Erzählungen sind teilweise auch in dem von Ebeling geschriebenen Geschichtsbuch „Die Reise in die Vergangenheit", 4 Bde., Braunschweig 1961 ff., enthalten

(190) vgl. Wernicke, S. 494 f.

(191) vgl. zusammenfassend Wernicke, S. 496

(192) vgl. Friedeburg/Hübner, S. 11; Wernicke, S. 496

(193) nach Adornos „The Authoritarian Personality"

(194) vgl. Wernicke, S. 497

(195) Wernicke, S. 498 ff.

(196) Lucas, Zur Geschichts-Darstellung, S. 294

(197) Lucas, Zur Geschichts-Darstellung, S. 296

(198) Vgl. Anmerkunge 197)

(199) Lucas, Zur Geschichts-Darstellung, S. 297

(200) Um nur ein Beispiel zu nennen, wäre etwa an die Gegenüberstellung von Filmberichten aus Reichstagssitzungen des Jahres 1932 mit dem ausgezeichneten Dokumentarfilm „Deutschland 1932" zu denken, in dem das gänzlich undramatische Alltagsleben verschiedener Bevölkerungsschichten geschildert wird, schichtenspezifische Einstellungen sichtbar werden und ein unpolitisches Alltagsleben erscheint, das so gar nicht zu den erregten Szenen im Reichstag zu passen scheint.

(201) Meier, S. 215

(202) Heinisch, Politische Bildung - Integration oder Emanzipation? , S. 165

(203) Vgl. Anmerkung 202)

(204) Werner Hofmann, Grundelemente der Wirtschaftsgesellschaft. Ein Leitfaden für Lehrende, Reinbek bei Hamburg 1969 (rororo 1149), S. 171

(205) Hofmann, Grundelelemente, S. 18 (Kapitel „Wissenschaft und Werturteil")

(206) Die zwei gegensätzlichen Positionen - Befürwortung von Werturteilen und Ablehnung von Werturteilen - werden deutlich von Hofmann auf der einen, Junker auf der anderen Seite vertreten: Werner Hofmann, Gesellschaftslehre als Ordnungsmacht. Die Werturteilsfrage - heute, Berlin 1961 - Detlef Junker, Über die Legitimität von Werturteilen in den Sozialwissenschaften und der Geschichtswissenschaft, in: HZ, Bd. 211 (1970), S. 1 ff.

(207) Ernst Weymar, Werturteile im Geschichtsunterricht, in: GWU, Jhg. 21 (1970), H. 4. S. 198 ff.

(208) Weymar, S. 214, zitiert aus: Hofmann, Gesellschaftslehre als Ordnungsmacht; als Marxist kennt Hofmann ein weiteres Kriterium: „Als letzter Maßstab gesellschaftlicher Wertungen dürfte sich hierbei ergeben, über welche geschicht-

lichen Möglichkeiten eine Gesellschaft jeweils verfügt. ... Der Maßstab solcher Wertungen ist hierbei nicht von außen an gesellschaftliche Verhältnisse herangetragen; er entspringt vielmehr aus der Überlegung, aus der Einsicht in das Auseinanderklaffen zwischen dem Gegebenen und dem, was gesellschaftlich und technisch als möglich erscheint" (Hofmann, Grundelemente, S. 19).

(209) Vgl. dazu Junker, S. 19 ff.; Weymar, S. 210 ff.

(210) Vgl. Mollenhauer, Erziehung und Emanzipation, S. 97 ff.: „Jugend und Schule im Spannungsfeld gesellschaftlicher Widersprüche", bes. S. 107, S. 110 f.

(211) Dies als notwendige Ergänzung zu den Ausführungen bei Mollenhauer, Jugend und Schule im Spannungsfeld gesellschaftlicher Widersprüche, S. 102; vgl. auch Mollenhauer, Umriß einer politischen Bildung als politische Aufklärung, in: ders., Erziehung und Emanzipation, S. 154

(212) Lucas, Zur Geschichts-Darstellung, S. 296

Literaturverzeichnis

Adorno, Theodor W., Erziehung nach Auschwitz, in: ders., Stichworte. Kritische Modelle 2, Frankfurt 1969

Adorno, Theodor W., Glosse über Persönlichkeit, in: ders., Stichworte. Kritische Modelle 2, Frankfurt 1969

Adorno, Theodor W., Jargon der Eigentlichkeit, 5. Auflage, Frankfurt 1970

Adorno, Theodor W., Was bedeutet: Aufarbeitung der Vergangenheit? , in: GSE, 5 (1960)

Aufgabe und Gestaltung des Geschichtsunterrichts, hrsg. von Wolfgang Kleinknecht, Herbert Krieger und Wolfgang Lohan, 3. Auflage, Frankfurt/Berlin/Bonn 1963

Bäumler, Fritz, Gedanken zum Problem der Lehrplanforschung aus der Sicht der Pädagogischen Psychologie, in: Zur Lehrplandiskussion. Probleme und Modelle, hrsg. von Siegfried Weinmann, Stuttgart o. J. (1970)

Becker, Egon, Herkommer, Sebastian und Bergmann, Joachim, Erziehung zur Anpassung? Eine soziologische Untersuchung der politischen Bildung in den Schulen, Schwalbach 1967

Begabung und Lernen (Hrsg. Heinrich Roth), Stuttgart 1968

Behrmann, Günther C., Politische Sozialisation in den USA und politische Bildung in der Bundesrepublik, in: GSE, 14 (1969)

Benjamin, Walter, Zur Kritik der Gewalt und andere Aufsätze, Frankfurt 1965

Bildungspläne für die Volksschulen Baden-Württembergs, Villingen o. J. (1958)

Bracht, Barbara, Geschichtliches Verstehen und geschichtliche Bildung - ihr Wesen und ihre Aufgaben nach der Auffassung Theodor Litts, Wuppertal 1968

Brecht, Bertolt, Werke in 20 Bänden, Frankfurt 1967

Carlyle, Thomas, Sartor Resartus and on Heroes, Hero-Worship, and the Heroic in History, London 1904

Christmann, Helmut, Geschichtsunterricht in der Hauptschule, Bonn 1967

Döhn, Hans, Der Geschichtsunterricht in Volks- und Realschulen. Didaktisch-methodische Grundfragen, Hannover 1967

E b e l i n g , Hans, Didaktik und Methodik eines kind-, sach- und zeitgemäßen Geschichtsunterrichts, Hannover 1965

E b e l i n g , Hans, Geschichten aus der Geschichte, 4 Bde, Hannover 1965

E n g e l s , Friedrich, Ludwig Feuerbach und der Ausgang der klassischen deutschen Philosophie, Leipzig o.J. (1946)

E r z i e h u n g i n d e r K l a s s e n g e s e l l s c h a f t . Einführung in die Soziologie der Erziehung, München 1970

F i e g e , Hartwig, Geschichte, Düsseldorf 1969

F i e g e , Hartwig, Der Geschichtsunterricht, Weinheim 1963

F i n a , Kurt, Geschichtsdidaktik und Auswahlproblematik. Vom Sinn des Exemplarischen im Geschichtsunterricht, München 1969

F i s c h e r , Kurt Gerhard, Einführung in die Politische Bildung, Stuttgart 1970

F l e i s c h e r , Helmut, Marxismus und Geschichte, Frankfurt 1969

v. F r i e d e b u r g, Ludwig und H ü b n e r, Peter, Das Geschichtsbild der Jugend, München 1964

G i e s e , Gerhard, Quellen zur deutschen Schulgeschichte seit 1800, Göttingen 1961

G o t t s c h a l c h, Wilfried, Soziologie der politischen Bildung, Frankfurt 1970

G r e e n s t e i n , F., Children and Politics, New Haven and London 1965

G r u n d l a g e n d e s M a r x i s m u s - L e n i n i s m u s . Lehrbuch. Nach der 2., überarbeiteten und ergänzten russischen Ausgabe, Berlin 1963

H e g e l , Georg W.F., Vorlesungen über die Philosophie der Geschichte, Frankfurt 1970 (Bd. 12 der Werke in 20 Bänden)

H e i n i s c h , Franz, Politische Bildung - Integration oder Emanzipation?, in: Erziehung in der Klassengesellschaft, München 1970

H e r i n g , Wilhelm, Methodik des Geschichtsunterrichts in der preußischen Volksschule, Leipzig 1907

H e r k o m m e r , Sebastian, Welchen Erfolg hatte die politische Bildung bisher?, in: GSE, 12 (1967)

H o f m a n n , Werner, Gesellschaftslehre als Ordnungsmacht. Die Werturteilsfrage - heute, Berlin 1961

H o f m a n n , Werner, Grundelemente der Wirtschaftsgesellschaft. Ein Leitfaden für Lehrende, Reinbek bei Hamburg 1969

H o l l , Karl, Geschichtsunterricht für eine demokratische, zukunftsorientierte Gesellschaft, in: GWU, 21 (1970)

H o o k , Sidney, Der Held in der Geschichte. Eine Untersuchung seiner Grenzen und Möglichkeiten Nürnberg 1951

H o r k h e i m e r , Max, Bemerkungen zur philosophischen Anthropologie, in: ders., Kritische Theorie der Gesellschaft, Bd. 1, Frankfurt 1968

Huizinga, Johan, Über eine Definition des Begriffes Geschichte, in: ders., Geschichte und Kultur, Stuttgart o.J.

Iggers, Georg G., Deutsche Geschichtswissenschaft. Eine Kritik der traditionellen Geschichtsauffassung von Herder bis zur Gegenwart, München 1971

Joll, James, Die Anarchisten, Frankfurt/Berlin 1966

Junker, Detlef, Über die Legitimität von Werturteilen in den Sozialwissenschaften und der Geschichtswissenschaft, in: HZ, Bd. 211 (1970)

Kaiser, Fritz, Die Behandlung Friedrich Barbarossas im sechsten Schuljahr der Hauptschule, in: Mielitz, Reinhard (Hrsg.), Das Lehren der Geschichte, Göttingen 1969

Koselleck, Arno, Zur Didaktik des Geschichtsunterrichts (1960), neu abgedruckt in: Detlev C. Kochan (Hrsg.), Allgemeine Didaktik - Fachdidaktik - Fachwissenschaft, Darmstadt 1970

Krause-Vilmar, Dietfried, Neuere Literatur zum deutschen Jakobinismus, in: Das Argument, Nr. 57, (1970)

Küppers, Waltraud, Zur Psychologie des Geschichtsunterrichts, Bern/Stuttgart 1961

Lehrplan für die Hauptschule in Rheinland-Pfalz, Grünstadt o. J. (1968)

Litt, Theodor, Der Historismus und seine Widersacher, in: ders., Die Wiedererweckung des geschichtlichen Bewußtseins, Heidelberg 1956

Lucas, Friedrich J., Der Beitrag des Geschichtsunterrichts zur Politischen Bildung, in: GSE, 11 (1966)

Lucas, Friedrich J., Drei akute Fragen zum Geschichtsunterricht, in: GWU, 21 (1970)

Lucas, Friedrich J., Grundriß der Geschichtsdidaktik. (Als Manuskript vervielfältigte Vorlesung WS 1968/69, Gießen)

Lucas, Friedrich J., Zur Geschichts-Darstellung im Unterricht, in: 16 (1965)

Lucas, Friedrich J., Über den Sinn des Geschichtsunterrichts - Oder: Unsinn über den Geschichtsunterricht, in: betrifft: erziehung, 3 (1970)

Lukács, Georg, Die Zerstörung der Vernunft, Neuwied 1962

Marienfeld, Wolfgang und Osterwald, W., Die Geschichte im Unterricht, Düsseldorf 1966

Marx, Karl, der 18. Brumaire des Louis Bonaparte, in: Marx/Engels, Werke, Bd. 8, Berlin 1960

Marx, Karl und Engels, Friedrich, Werke, Bd.39, Berlin 1968

Mehring, Franz, Historische Aufsätze zur preußisch-deutschen Geschichte, 2. Auflage, Berlin 1946 (mit einem Vorwort von Oelssner, Fred)

Meier, Christian, Entstehung des Begriffs „Demokratie". Vier Prolegomena zu einer historischen Theorie, Frankfurt 1970
Meier, Christian, Was soll uns heute noch die Alte Geschichte, in: ders., Die Entstehung des Begriffs „Demokratie"
Meier, Christian, Die Wissenschaft des Historikers und die Verantwortung des Zeitgenossen, in: ders., Die Entstehung des Begriffs „Demokratie"
Meinecke, Friedrich, Persönlichkeit und geschichtliche Welt, in: ders., Zur Theorie und Philosophie der Geschichte, Stuttgart 1959
Mielitz, Reinhard (Hrsg.), Das Lehren der Geschichte, Göttingen 1969
Mollenhauer, Klaus, Erziehung und Emanzipation, 3. Auflage, München 1970
Mollenhauer, Klaus, Umriß einer politischen Bildung als gesellschaftlicher Widersprüche, in: ders., Erziehung und Emanzipation
Mollenhauer, Klaus, Umriß einer politischen Bildung als politische Aufklärung, in: ders., Erziehung und Emanzipation
Mollenhauer, Klaus, Sozialisation und Schulerfolg, in: Begabung und Lernen, Stuttgart 1968

Negt, Oskar, Soziologische Phantasie und exemplarisches Lernen. Zur Theorie der Arbeiterbildung, Frankfurt 1968
Nietzsche, Friedrich, Vom Nutzen und Nachteil der Historie für das Leben, Stuttgart 1967
Nyssen, Friedhelm, Kinder und Politik. Überlegungen und empirische Ergebnisse zum Problem der politischen Sozialisation, in: betrifft: erziehung, 3 (1970)

Oerter, Rolf, Moderne Entwicklungspsychologie, 6. Auflage, Donauwörth 1970
Oevermann, Ulrich, Schichtenspezifische Formen des Sprachverhaltens und ihr Einfluß auf kognitive Prozesse, in: Begabung und Lernen, Stuttgart 1968
Oltrogge, Wilhelm, Der Geschichtsunterricht, Berlin/Hannover/Darmstadt 1958
Ortega y Gasset, Der Aufstand der Massen, in: ders., Signale unserer Zeit, Stuttgart/Zürich/Salzburg o.J.
Ott, Gabriel, Zeitlichkeit und Sozialität, Didaktik der Geschichte und der Politik in ihren anthropologischen Bezügen, München 1969

Plechanow, Georgij, Über die Rolle der Persönlichkeit in der Geschichte, Leipzig o.J.

Reiche, Kurt, Die Hinführung des Kindes zur Geschichte - Der geschichtliche Vorkurs der Unterstufe, in: GWU, 3 (1952)

R i c h t l i n i e n f ü r d i e B a y e r i s c h e n V o l k s s c h u l e n , München 1966
R i c h t l i n i e n u n d S t o f f p l ä n e f ü r d a s F a c h G e s c h i c h t e , hrsg. vom Minister für Kultus, Unterricht und Volksbildung des Saarlandes, 1969 (hektographiert)
R ö d i g e r , Wilhelm, Geschichte. Ziel, Stoff und Weg, Leipzig 1934
R o t h , Heinrich (Hrsg.), Begabung und Lernen, Stuttgart 1968
R o t h , Heinrich, Kind und Geschichte. Psychologische Voraussetzungen des Geschichtsunterrichts in der Volksschule, München 1955 (5., ergänzte Auflage 1968)

S c h a f f , Adam, Marx oder Sartre? , Wien 1964
S c h a l l e n b e r g e r , Horst, Untersuchungen zum Geschichtsbild der Wilhelminischen Ära und der Weimarer Zeit, Ratingen 1964
S c h i e d e r , Theodor, Geschichte als Wissenschaft. Eine Einführung, München/Wien 1965
S c h i e d e r , Theodor, Die Idee der Persönlichkeit und ihr geschichtliches Schicksal in den letzten anderthalb Jahrhunderten, in: GWU, 3 (1952)
S c h i e d e r , Theodor, Strukturen und Persönlichkeiten in der Geschichte, in: ders., Geschichte als Wissenschaft, München/Wien 1965
S c h l e g e l, Wolfgang, Der Geschichtsunterricht in der Volksschule, 2. Auflage, München 1964
S c h m i d , Heinz Dieter, Zur Reform des Lehrplans in Geschichte, in: Zur Lehrplandiskussion. Probleme und Modelle, hrsg. von Siegfried Weinmann, Stuttgart o. J. (1970)
S c h m i d t , Erhard, Grundriß des Geschichtsunterrichts, Bochum o.J.,
S c h ö r k e n , Rolf, Lerntheoretische Fragen an die Didaktik des Geschichtsunterrichts, in: GWU, 21 (1970)
S p e n g l e r , Oswald, Der Untergang des Abendlandes, Bd. 1, München 1920, Bd. 2, München 1922
S t e r n , Fritz (Hrsg.), Geschichte und Geschichtsschreibung, München 1966
S t o h r , Bernhard, Methodik des Geschichtsunterrichts, 3. Auflage, Berlin 1968

V e r b a n d d e r G e s c h i c h t s l e h r e r D e u t s c h l a n d s, Presseerklärung, in: GWU, 21 (1970)
V i n c z e, Lászlό und V i n c z e, Flόra, Die Erziehung zum Vorurteil. Kritik an der Kinderpsychologie, Wien/Köln/Stuttgart/Zürich 1964

W a g n e r , Fritz, Geschichtswissenschaft, Freiburg/München 1951
W a l l r a v e n , Klaus Peter und D i e t r i c h , Eckart, Politische Pädagogik. Aus dem Vokabular der Anpassung, München 1970

W e b e r , Max, Gesammelte Aufsätze zur Wissenschaftslehre, Tübingen 1951

W e h l e r , Hans-Ulrich, Krisenherde des Kaiserreichs 1871-1918. Studien zur deutschen Sozial- und Verfassungsgeschichte, Göttingen 1970

W e h l e r , Hans-Ulrich, Zum Verhältnis von Geschichtswissenschaft und Psychoanalyse, in: HZ Bd. 2o8 (1969)

W e n i g e r , Erich, Neue Wege im Geschichtsunterricht, 2. Auflage, Frankfurt 1957

W e r n i c k e , Uta, Zur Praxis der Geschichtserzählung in der Mittelstufe, in: GWU, 21 (1970)

W e y m a r , Ernst, Das Selbstverständnis der Deutschen. Ein Bericht über den Geist des Geschichtsunterrichts der höheren Schulen im 19. Jahrhundert, Stuttgart 1961

W e y m a r , Ernst, Werturteile im Geschichtsunterricht, in: GWU 21 (1970)

W i t t r a m , Ernst, Anspruch und Fragwürdigkeit der Geschichte, Göttingen 1969

Personenregister

Anmerkungen und Argumente
zur historischen und politischen Bildung

Herausgegeben von Friedrich J. Lucas

Geschichtsunterricht ohne Zukunft?

Zum Diskussionsstand der Geschichtsdidaktik in der Bundesrepublik Deutschland

Herausgegeben von Hans Süssmuth

Band 1 Teil 1 ISBN 3-12-927400-6
Band 1 Teil 2 ISBN 3-12-927410-3

Klaus Bergmann

Personalisierung im Geschichtsunterricht – Erziehung zu Demokratie?

Band 2 ISBN 3-12-927420-0

Wolfgang Marienfeld

Geschichte im Lehrbuch der Hauptschule

Band 3 ISBN 3-12-927430-8

Hans Müller

Zur Effektivität des Geschichtsunterrichts

Schülerverhalten und allgemeiner Lernerfolg durch Gruppenunterricht

Band 4 ISBN 3-12-927440-5

Gerhard Wiesemüller

Unbewältigte Vergangenheit – überwältigende Gegenwart?

Vorstellungen zur Zeitgeschichte bei Schülern des 9. Schuljahres verschiedener Schulformen

Band 5 ISBN 3-12-927450-2

Weitere Titel in Vorbereitung
Stand September 1972.
Ausführlich informiert der Prospekt 40 P 12.